Richard Schröder

**Die Franken und ihr Recht**

Richard Schröder

**Die Franken und ihr Recht**

ISBN/EAN: 9783744656054

Hergestellt in Europa, USA, Kanada, Australien, Japan

Cover: Foto ©Suzi / pixelio.de

Weitere Bücher finden Sie auf **www.hansebooks.com**

# DIE FRANKEN

## UND

## IHR RECHT.

VON

Dr. RICHARD SCHRÖDER,
PROFESSOR IN WÜRZBURG.

**WEIMAR**
HERMANN BÖHLAU
1881.

# INHALT.

|  | Seite |
|---|---|
| I. Die Herkunft der Franken | 2 |
| II. Die fränkischen Volksrechte | 36 |
|    A. Die Lex Salica, ihre Ergänzungen und ihr Geltungsgebiet | 36 |
|    B. Das Geltungsgebiet der Lex Ribuaria | 45 |
|    C. Das Geltungsgebiet der Lex Chamavorum | 47 |
| III. Die salische Agrarverfassung und das Bodenregal | 49 |

Den Ausgangspunkt für den Stamm der Franken und sein Recht in möglichst abschliessender Weise festzustellen, erscheint gegenwärtig als eine der dringendsten Aufgaben, nachdem Rudolph Sohm in seinem Aufsatze „Fränkisches Recht und römisches Recht" mit genialem Blick auf die grundlegende Bedeutung hingewiesen hat, welche dem fränkischen Recht, insbesondere dem salischen, für die gesamte Rechtsentwicklung Deutschlands, ja Europas, zukommt[1]). Seit mehreren Jahren mit Studien über das ältere fränkische Recht beschäftigt, bin ich doch in einer zunächst nicht absehbaren Zeit nicht in der Lage, meine Untersuchungen abzuschliessen und zu einem einheitlichen Werke zu verarbeiten. Es möge mir daher gestattet sein, was von meinen bisherigen Ergebnissen bei verschiedenen Gelegenheiten und an verschiedenen Orten bereits veröffentlicht wurde[2]), hier übersichtlich zusammenzustellen und, soweit es auf Widerspruch gestossen ist, weiter auszuführen und näher zu begründen.

---

[1]) R. Sohm, Fränkisches Recht und römisches Recht, Zeitschrift der Savigny-Stiftung für Rechtsgeschichte L Bd. (Zeitschr. f. R.-G. XIV), germ. Abth. S. 1—84. — [2]) 1. „Die Ausbreitung der salischen Franken. Zugleich ein Beitrag zur Geschichte der deutschen Feldgemeinschaft" (Forschungen z. deutsch. Geschichte XIX, 139—172). 2. „Die Herkunft der Franken" (Historische Zeitschrift, Neue Folge, VII, 1—65). 3. „Untersuchungen zu den fränkischen Volksrechten" (zuerst in der „Festschrift zur Feier des fünfzigjährigen Doctorjubiläums Heinrich Thöls, überreicht von der rechts- und staatswissensch. Fak. der k. bayer. Jul. Max.-Universität in Würzburg", Würzburg 1879, sodann in neuer Bearbeitung

# I.
## Die Herkunft der Franken[1]).

Die einzigen altgermanischen Völkerschaften, die von den Römern ausdrücklich als Franken bezeichnet werden, sind die Chamaven[2]) und die Chattuarier[3]). Jede Untersuchung über die Herkunft der Franken muss daher von ihnen ausgehen.

Von den Chamaven erinnerte man sich noch zu Neros Zeit, dass sie einst in der Nähe der Sugambern, gegen die Zuiderzee (Flevus) gewohnt hatten[4]). Als dann im Jahre 55 v. Chr. die Usiper, Tencterer und Tubanten unter dem Schutze der Sugambern in diesen Gebieten Aufnahme fanden[5]), scheinen die Chamaven sich, zum Teil auf Kosten der Brukterer, weiter nach Osten gezogen zu haben[6]). Die in Folge der Aufhebung der Sugambern durch Tiberius i. J. 8 v. Chr. eingetretene Verpflanzung jener drei Völkerschaften in einen Teil des bisherigen Sugamberlandes südlich der Lippe gab den Chamaven zunächst die alten Besitzungen nicht wieder,

---

in Pick's Monatsschrift für die Geschichte Westdeutschlands, VI, 468—502). 4. „Die niederländischen Kolonien in Norddeutschland zur Zeit des Mittelalters" (Sammlung gemeinverständlicher Vorträge, herausgegeben von Virchow und v. Holtzendorff, XV. Serie, Nr. 347). — [1]) Vgl. Müllenhoff, i. d. Deutschen Litteraturzeitung, I. Jahrgang (1880) Nr. 11. — [2]) Tab. Peutinger.: Chamavi qui et pranci (st. qui et Franci). — [3]) Amm. Marc. XX, 10 (z. J. 360): Francorum quos Atthuarios vocant. Völkerverzeichniss a. d. Anf. des vierten Jahrhunderts: Franci Gallouari (st. Cattovarii), vgl. Müllenhoff bei Mommsen, Verzeichn. d. röm. Provinzen (Abh. d. Berl. Ak. d. Wiss. 1862) S. 520. Derselbe, Germania antiqua S. 157. — [4]) Tacitus, Annal. XIII, 55. — [5]) Caesar, Bell. Gall. IV, 16. Cass. Dio LIV, 32 f. Tacitus, Annal. XIII, 55. — [6]) Dieser Lage der Dinge entsprach die Vorlage des Strabo (VII, S. 291), in welcher als πρὸς τῷ ὠκεανῷ gesessen Σούγαμβροί τε καὶ Χάμαβοι καὶ Βρούκτεροι genannt werden. Als Strabo dies nachschrieb, waren die Sugambern als solche nicht mehr vorhanden. Ueber ein späteres Vordringen der Chamaven gegen die Brukterer s. Tacitus, Germ. c. 33. Vgl. Herkunft d. Fr. 2. 56. Ueber die Vorlage des Strabo vgl. Lamprecht i. d. Zeitschr. d. Bergischen Geschichtsvereins XVI, 9 ff. Miller, Regensburger Gymnasialprogramm v. 1868 S. 21 f.

da die Römer während des ersten Jahrhunderts eifersüchtig darüber wachten, dass die dadurch frei gewordenen Gebiete als „agri militum usui sepositi" von jeder Neuansiedlung deutscher Völkerschaften verschont blieben [1]). Im Laufe des zweiten Jahrhunderts muss es aber den Chamaven gelungen sein, ihre ursprünglichen Sitze an der Zuiderzee wieder einzunehmen, da die im ersten Drittel des dritten Jahrhunderts entstandene Peutingersche Karte ihre Wohnsitze am rechten Rheinufer, der Insel der Bataven gegenüber, von der Gegend bei Arnheim westwärts bis zur Nordseeküste verzeichnet; dabei ist nur insofern ein Irrthum untergelaufen, als die Chamaven tatsächlich durch die Friesen in dem heutigen Nordholland von dem Meere getrennt wurden[2]). Sieht man von diesem Missverständniss ab, so haben die Chamaven die damals innegehabten Grenzen dauernd behauptet: wir finden sie im 9. Jahrhundert im Osten und Süden der Zuiderzee von Kuinder bis Naarden, die Gaue Thrianta, Twente, Salland, Hamaland, Felwe (die heutige Veluwe) und Flethetti, oder die niederländischen Provinzen Drenthe, Overyssel, Gelderland bis zum Rhein, Utrecht bis zum Krummen Rhein und der Vecht und die Gegend um Emmerich und Elten in der preussischen Rheinprovinz bewohnend[3]). Sie gehörten zu den ribuarischen Franken, ihr Land wurde aber nicht zu dem eigentlichen Ribuarien gerechnet[4]).

Seit dem Ende des dritten Jahrhunderts erscheinen als ständige Waffengefährten der Chamaven und gleich diesen wiederholt bestrebt, sich in der Provinz Niedergermanien jenseits des Rheines einzunisten, die Chattuarier[5]). Ihre Wohnsitze im vierten Jahrhundert ergeben sich mit voller Bestimmtheit aus dem Bericht des Ammianus Marcellinus über ihre Heimsuchung durch Kaiser Julian i. J. 360: „Tricensimae oppido propinquabat. Rheno exinde transmisso regionem subito per-

---

[1]) Tacitus, Annal. XIII, 54—56. Vgl. Müllenhoff b. Mommsen, a. a. O. 529. — [2]) Vgl. Herkunft d. Fr. 10. Eben diese Friesen zwischen Flevus und Rhein müssen es gewesen sein, die sich nach Tacitus Annal. XIII, 54 unter Nero über die agri militum usui sepositi ausbreiten gesucht hatten. — [3]) Vgl. Untersuchungen S. 495—499. — [4]) Vgl. S. 46 ff. — [5]) Vgl. über dieselben Ledebur, Land und Volk der Brukterer S. 152 ff. J. Grimm, Gesch. d. deutsch. Sprache 589 f. (3. Aufl. 409 f.).

vasit Francorum quos Atthuarios vocant, inquietorum hominum, licentius etiam tum percursantium extima Galliarum. quos adortus subito nihil metuentes hostile nimiumque securos, quod scruposa viarum difficultate arcente nullum ad suos pagos introisse meminerant principem, superavit negotio levi, captisque plurimis et occisis, orantibus aliis qui superfuere, pacem ex arbitrio dedit, hoc prodesse possessoribus finitimis arbitratus"[1]). Tricensima war der Standort der 30. Legion (Ulpia victrix), gewöhnlich Colonia Traiana genannt, das heutige Xanten[2]). Wenn Julian hier den Rhein überschritt, um die nur auf schwierigen Gebirgspfaden zugänglichen Gaue der Chattuarier heimzusuchen, die seit Menschengedenken kein Römer betreten hatte und in denen die Bewohner sich gegen jeden feindlichen Ueberfall gesichert glaubten, so ist nach Lage der Dinge nur an das von dem Hellweg und den westlichen Ausläufern des Sauerlandes gebildete Gebirgsland zwischen Emscher und Wupper, durch welches die Ruhr in mühsam gewundenem Laufe sich ihre Bahn gebrochen hat, zu denken. Wollte Julian den Feind überraschen, so konnte er nicht angesichts desselben bei Novesium, Gelduba oder Asciburgium über den Rhein setzen; der bequeme Uebergang bei Xanten erforderte kaum zwei kurze Tagemärsche durch ebenes oder hügeliges Land, um von der Emscher aus gegen die Chattuarier vorzubrechen. Bewohnten die letzteren das Gebiet der unteren Ruhr bis zum Rhein, so war es ihnen später ein leichtes, von hier aus ihre Uebersiedelung auf das jenseitige Rheinufer in das von den Cugernen verlassene Land, das seit dem achten Jahrhundert unter dem Namen pagus Hattuariensis (Hattuaria, Hatteri, Hettero) erscheint[3]), ins Werk zu setzen. Auch wurden noch im zehnten und elften Jahrhundert Teile ihres früheren Gebietes, zunächst der

---

[1]) Amm. Marc. XX, 10. Von den beiden einzigen bekannten Handschriften hat Cod. Vat. Attbuarios, Cod. Urb. Attuarios. Aeltere Drucke lesen fälschlich „Ampsivarios" und haben dadurch viel Verwirrung angerichtet. — [2]) Vgl. Itinerar. Anton. b. Bouquet, Script. rer. Franc. I, 103. 106. Corpus inscr. Rhenan. S. 55—59. 63. Pick's Monatsschrift f. d. Gesch. Westdeutschlands VI, 330 ff. Amm. Marc. XVIII, 2, 4 (wo die Lage von Tricensima zwischen Neuss und Qualburg angegeben wird). — [3]) Herkunft d. Fr. 19.

Mündung der Ruhr in den Rhein, zu diesem Hattuariergau gerechnet; diese hatte das Volk demnach auch später nicht aus der Hand gelassen. Ursprünglich aber müssen die Chattuarier weiter ruhraufwärts gewohnt haben, wo der später von Westfalen eingenommene Gau Hatterun um Herbede an der Ruhr noch nach Jahrhunderten die Erinnerung an seine früheren Bewohner festgehalten hat [1]. Ihre nördlichen Nachbarn waren die kleinen Brukterer, während westlich von diesen am Rhein, von der Lippe aufwärts, die Usiper und weiter rheinaufwärts die Tencterer und die Tubanten das früher sugambrische Land eingenommen hatten [2]. Nachdem diese drei Völkerschaften im Laufe des ersten Jahrhunderts weiter rheinaufwärts gezogen waren [3], müssen ihnen die Brukterer allmählich nachgerückt sein, denn die Peutingersche Karte nennt auf dem rechten Rheinufer zwischen Sieg und Lahn die „Burcturi", und i. J. 392 verheerte Arbogast von Köln aus das Land der „Bricterer", das zunächst am Ufer des Flusses lag" [4]. Erst durch den Abzug ihrer westlichen und nördlichen Nachbarn haben die Chattuarier Raum zu weiterer Ausdehnung an den Rhein und gegen Nordwesten gewonnen. Die Peutingersche Karte bezeichnet das rechte Rheinufer zwischen den Brukterern und den Chamaven mit dem Namen „Francia". Es ist dasselbe Gebiet, das wir bei Ammianus Marcellinus als das Land der chattuarischen Franken kennen gelernt haben, nur etwas weiter nach Norden erstreckt. Auch die Bundesgenossenschaft der Chattuarier und der Chamaven, von der wir zu Ende des dritten Jahrhunderts erfahren, und ihr gemeinsamer Einfall in das Land der Bataven zeigt, dass sie Nachbarn waren und dass die Francia der Peutingerschen Karte nichts anderes als die Francia Chattuaria bedeutet.

---

[1] Ebd. 18 f. Müllenhoff bezeichnet es als ein „Dekret" von mir, dass dieser Gau Hatterun seinen Namen von den Chattuariern habe, es handelt sich aber nur um eine fast selbstverständliche Kombination auf Grund klarer Quellenzeugnisse. — [2] Vgl. Tacitus, Annal. I, 51. XIII, 56. Germ. c. 33. Ledebur, Volk und Land der Brukterer 51 f. Müllenhoff b. Mommsen, a. a. O. 529. Zeuss, Die Deutschen und die Nachbarstämme 89 f. — [3] Vgl. Ptolemaeus II, c. 11, § 9 f. — [4] Siehe unten S. 15.

Wir sind genötigt, hier umständlicher, als es sonst in dem Zwecke dieser Arbeit liegt, auf die Lage der Chattuarier einzugehen, weil dieselbe von Müllenhoff in ganz anderer Weise bestimmt und daran eine entscheidende Folgerung für die Beziehung der Chatten zu den Franken geknüpft wird. Nach ihm fehlt es an jedem römischen Zeugniss für unsere Annahme, während sich aus Vellejus Paterculus mit vollkommener Sicherheit ergeben soll, dass die Chattuarier „zwischen den Canninefaten und Brukterern, also nördlich über den Batavern und dem rechten Rheinarm in der Veluwe und westlich gegen die Vecht" gesessen haben. Müllenhoff entnimmt dies einzig aus Vellejus Hist. Rom. II, 105, wo es von einem Feldzuge des Tiberius i. J. 4 n. Chr. heisst: „Intrata protinus Germania: subacti Caninefates, Attuarii, Bructeri, recepti Cherusci." Diese Erzählung besagt weiter nichts, als dass Tiberius aufständische Bewegungen bei den Cannenefaten, sodann bei den Chattuariern und den Brukterern unterdrückt und hierauf mit den Cheruskern ein Bündniss geschlossen habe. Die Auslegung Müllenhoffs ist nur dann möglich, wenn die hier genannten Völker ein geschlossenes Gebiet bewohnten, in welchem immer eins unmittelbar an das andere grenzte; aber zwischen den Brukterern und der Zuiderzee sassen die Chamaven und bis zum Jahre 8 v. Chr. ausserdem die Usiper, Tencterer und Tubanten, deren Gebiete später als agri militum sepositi offen gehalten wurden; Tiberius musste also, um von den Cannenefaten durch die Veluwe zu den Brukterern zu gelangen, ein ausgedehntes Zwischenland durchziehen, und Vellejus sagt kein Wort darüber, dass die Chattuarier im Westen desselben neben den Cannenefaten und nicht, wie wir annehmen, im Südosten neben den Brukterern gesessen haben. Wenn Müllenhoff jedes römische Zeugniss für die von uns angenommene Lage der Chattuarier vermisst, so ist es zunächst unbegreiflich, dass er von Ammianus Marcellinus keine Notiz nimmt, dessen „scruposa viarum difficultas" man doch unmöglich auf die Sandhügel der Veluwe beziehen kann. Auch Strabo führt nach den gegen Norden gesessenen Völkern (s. S. 2 Anm. 6) als Völkerreihe des mittleren Deutschlands *Χηρούσκοί τε καὶ Χάττοι καὶ Γαμαβρίονιοι καὶ Χαττονάριοι* auf, was bei aller Unbestimmtheit doch sehr wohl mit unserer, in keiner Weise aber mit Müllenhoffs Annahme vereinbar ist[1]). Dazu kommt, dass die Veluwe, in der die Chattuarier gewohnt haben sollen, seit dem Beginne des dritten Jahrhunderts im Besitze der Chamaven erscheint; die Chattuarier müssten also eine Zeit lang heimatlos geworden sein, da sie den späteren Hattuariergau erst nach dem Abzuge der Cugernen in Besitz nehmen konnten. Und dann, wie einfach war diese Besitznahme, wenn dieselbe von der Ruhrgegend aus erfolgte, und wie complicirt von der Veluwe her! Wo waren ausserdem die Chattuarier während des batavischen Krieges, wenn sie von den stammverwandten Bataven nur durch den Niederrhein getrennt wohnten? Dass sie unter den Bundesgenossen des Civilis gefehlt haben sollten, müsste doch im höchsten Grade auffallen, während das von Müllenhoff aus Tacitus Annal. I. 51 entnommene Argument gegen unsere Annahme ganz und gar nichts beweist: den von der Niedermetzelung der Marsen an den Rhein zurückkehrenden Römern suchten die Brukterer, Usiper und Tubanten den Weg zu verlegen, weil der Marsch zwischen Ruhr und Lippe durch ihre Gebiete gieng; die südlich der Ruhr wohnenden Chattuarier wurden davon ebenso wenig wie die Chatten berührt.

Von den Chamaven und den Chattuariern verschieden waren diejenigen Franken, die zuerst unter dem Namen der Salier auftraten. Ammianus Marcellinus XVII, 8 berichtet zum Jahre 358, Julian habe „Francos, eos videlicet quos consuetudo Salios appellavit, ausos olim in Romano solo apud Toxiandriam locum habitacula sibi figere praelicenter" durch einen Ueberfall gezwungen um Gnade zu bitten, worauf er ihnen die bisher eigenmächtig in Besitz genommenen Gebiete grossmütig bestätigt habe, während er die Chamaven, die das gleiche Ziel verfolgt hatten, zur Rückkehr in ihre alten Sitze jenseits des Rheins zwang und zwei Jahre später die Chattuarier durch die oben besprochene Heimsuchung von ähnlichen

---

[1]) Für unsere Annahme mögen auch die „novari" des oben (S. 2 Anm. 3) angeführten Völkerverzeichnisses sprechen, die neben (d. h. östlich von) den Usipern, Tubanten und Tencterern genannt werden und wohl nur aus einer Verstümmelung des Namens der Chattuarier erklärt werden können. Vgl. Müllenhoff b. Mommsen, a. a. O. 529 f.

Unternehmungen abzuschrecken suchte[1]). Es gelang ihm damit so gut, dass noch nach 368 Ausonius (Mosella v. 434 f. 457) den Rhein als völlig gesicherte Grenze gegen „Francia" und die „Chamaves" bezeichnen und das idyllische, friedliche Leben auf dem linken Rheinufer preisen konnte. Julian selbst berichtet in seinem Briefe an die Athener[2]), es habe sich darum gehandelt, eine von Britannien gekommene römische Flotte den Rhein hinauf zu führen, ἔργον οὐ μικρὸν διὰ τοὺς ἐπικειμένους καὶ παροικοῦντας πλησίον βαρβάρους; die schimpfliche Abmachung des Florentius, der den Barbaren eine bedeutende Summe Silbers für den freien Durchzug versprochen, habe er annulliert, ἀλλ' ἐπ' αὐτοὺς στρατεύσας .... ὑπεδεξάμην μὲν μοῖραν τοῦ Σαλίων ἔθνους, Χαμάβους δὲ ἐξήλασα. Zosimus endlich erzählt folgendes[3]): die Quaden, ein sächsisches Volk das sich auf römischem Boden niederzulassen beabsichtigte, seien, von den benachbarten Franken am Durchmarsche gehindert, zu Schiffe auf dem Rhein an jenen vorbei nach der batavischen Insel gefahren und hätten die Bewohner derselben, die zu dem Stamme der Franken gehörenden Salier, die aus ihrer früheren Heimat durch die Sachsen verdrängt sich hier niedergelassen, teilweise zum Uebertritt auf römisches Gebiet genötigt[4]); Julian habe den übergetretenen Saliern die neuen Sitze bewilligt[5]), die Quaden dagegen zum Aufgeben ihrer Pläne und zur Geiselstellung gezwungen. Die Einzelheiten, welche Zosimus bei dieser Gelegenheit berichtet, tragen einen durchaus sagenhaften Charakter; der Vergleich mit den beiden anderen Berichten und mit einer sonst vielfach mit Zosimus übereinstimmenden Er-

---

[1]) Herkunft d. Fr. 35 ff. — [2]) Juliani imperatoris quae supersunt, rec. Hertlein, I, 360 f. — [3]) Zosimus III, c. 6 f. (Ausg. v. Bekker, Bonn 1837). — [4]) Διὰ τοῦ Ῥήνου τὴν ὑπὸ Φράγκων ἐχομένην ὑπερβαλόμενοι γῆν ἐπὶ τὴν ὑπήκοον Ῥωμαίοις ὡρμήθησαν, καὶ τῇ Βαταβίᾳ προςσχόντες, ἣν δίχα σχιζόμενος ὁ Ῥῆνος νῆσον ποιεῖ πάσης ποταμίας μείζονα νήσου, τὸ Σαλίων ἔθνος, Φράγκων ἀπόμοιρον, ἐκ τῆς οἰκείας χώρας ὑπὸ Σαξόνων εἰς ταύτην τὴν νῆσον ἀπελαθέντας ἐξέβαλλον. αὕτη δὲ ἡ νῆσος οὖσα πρότερον πᾶσα Ῥωμαίων τότε ὑπὸ Σαλίων κατείχετο. — [5]) Οἱ Σάλιοι οἱ μὲν ἀπὸ τῆς νήσου μετὰ τοῦ σφῶν βασιλέως εἰς τὴν ὑπὸ Ῥωμαίους ἐπεραιοῦντο γῆν, οἱ δὲ συμφυγόντες εἰς τὰ ὄρη κατῄεσαν, ἱκέται τοῦ Καίσαρος ἅπαντες καθιστάμενοι καὶ ἐθελοντὶ τὰ καθ' ἑαυτοὺς ἐνδιδόντες.

zählung des Eunapius¹) ergibt, dass er die Chamaven mit den angeblichen sächsischen Quaden verwechselt hat. So wird man ihm auch darin keinen Glauben schenken können, dass die Salier von den Sachsen aus ihren früheren Sitzen vertrieben und so nach der batavischen Insel gekommen seien. Mit Sicherheit ergibt sich dagegen, dass die Bewohner der batavischen Insel zu Julians Zeiten Salier genannt wurden und dass unter dem Druck der über den Rhein gegangenen Chamaven ein Theil von ihnen nach dem römischen Toxandrien übergetreten war und von Julian, während er die Chamaven über den Rhein zurückdrängte, i. J. 358 ausdrücklich in den neuen Sitzen bestätigt wurde. Dass die Salier als Bundesgenossen der Römer zur Stellung von Hilfstruppen verpflichtet wurden, wird von Zosimus ausdrücklich berichtet²) und durch sein eigenes Zeugniss sowie die Notitia dignitatum noch bis in das fünfte Jahrhundert hinein bestätigt³); daneben behielten die altberühmten von der batavischen Insel gestellten Truppenteile ihre bisherigen Namen und für die nächste Zeit wohl auch noch ihren ursprünglichen Rekrutierungsbezirk bei⁴), während Cannenefaten und Cugernen in der Notitia dignitatum nicht mehr genannt werden, doch wohl weil sie nunmehr unter dem Namen der Salier aufgeführt wurden. In ähnlicher Lage wie zur Zeit Julians waren die Bataven schon gegen Ende des dritten Jahrhunderts gewesen; damals waren auf Anlass des Carausius, der sich in Britannien zum Kaiser hatte ausrufen lassen⁵), Friesen, Chamaven und Chattuarier in die Provinz Niedergermanien und zwar vor allem in das Land der Bataven eingedrungen, sie wurden von Constantius Chlorus besiegt und scharenweise in das innere Gallien verpflanzt, wo

---

¹) Bouquet, Scriptores I, 367 f. — ²) Zosimus III, c. 8: Ταῦτα οὕτω διαθεὶς ὁ Καῖσαρ Σαλίους τε καὶ Κονάδων μοῖραν καὶ τῶν ἐν τῇ Βαταβίᾳ νήσῳ τινὰς τάγμασιν ἐγκατέλεξεν, ἃ καὶ νῦν ἐφ' ἡμῶν ἔτι δοκεῖ περισώζεσθαι. — ³) Vgl. Herkunft d. Fr. 36. Die Heeresfolge, welche die Salier dem Aëtius gegen Attila und später unter Childerich dem Aegidius gegen Sachsen und Burgunder leisteten, erscheint als eine Fortsetzung des alten Bundesverhältnisses. Vgl. Herk. d. Fr. 37. — ⁴) Vgl. Zosimus III, c. 35. IV, c. 9. Herkunft d. Fr. 35. Ueber die batavischen und cannenefatischen Hilfstruppen der Römer in älterer Zeit vgl. ebd. 17. Sueton, Vita Caesarum IV, 43. Cass. Dio LV, 24. LXIX, 9. — ⁵) Eusebius-Hieronymus, Chronicon, z. J. 291.

insbesondere zwei Gaue im Rhonegebiet die Namen der dort angesiedelten Chattuarier und Chamaven noch bis zum neunten Jahrhundert bewahrt haben[1]). Dagegen hatte einige Jahre vorher (nach 286) Kaiser Maximinian in friedlicher Uebereinkunft fränkische Ansiedlungen in dem Lande der Nervier, also in Brabant, gestattet[2]). Da es sich hier um keinen Zwangsakt handelte, so dürfen wir annehmen, dass diese Franken den Römern nicht feindlich gegenübergestanden hatten, sondern dass sie wie siebzig Jahre später die Salier in Toxandrien, von ihren unruhigen Nachbarn gedrängt, auf römisches Gebiet übergetreten und dass sie gleich diesen Salier, d. h. Bataven, waren. Denn darüber kann nunmehr doch wohl kein Zweifel sein, dass die zuerst unter dem Namen der Salier auftretenden Franken mit den Bataven identisch sind. Man hat dies früher bezweifelt, teils weil man in Anknüpfung an den sagenhaften Bericht des Zosimus eine Einwanderung der Salier in das Land der Bataven annahm und diese auf die Sugambern bezog, teils weil man glaubte annehmen zu müssen, dass die Bataven im vierten Jahrhundert längst zu Kelten oder Römern geworden seien. Was zunächst diese vermeintliche Entnationalisierung der Bataven angeht, so wird man den deutschen Grenzvölkern am Rhein, den Bataven wie den Cugernen, Ubiern[3]), Vangionen, Nemetern und Tribokern, doch mindestens dieselbe Zähigkeit wie den Kelten zutrauen dürfen. Wir wissen aber von den Trevirern, dass sie noch gegen Ende des vierten Jahrhunderts keltisch und nicht lateinisch sprachen, und der arvernische Adel lernte erst Mitte des fünften Jahrhunderts die keltischen Provinzialismen (sermonis Celtici squammam) abzulegen, die Sprache des Volkes war damals also jedenfalls

---

[1]) Vgl. Herkunft d. Fr. 32 f. Die wichtigsten, dort zum Teil unrichtig angeführten Belege finden sich bei Bährens, XII Panegyrici Latini, Nr. V (dem Constantius Caesar wohl von Eumenius gewidmet), c. 8. 9. 12—17. 21. Nr. VI (Panegyr. inc. auct. Maximiano et Constantino dic.) c. 4. Nr. VII (Panegyr. inc. auct. Constantino dic.) c. 5. 6. — [2]) Panegyr. Nr. V, c. 21: Tuo, Maximiane Auguste, nutu Nerviorum et Trevirorum arva iacentia velut postliminio restitutus et receptus in leges Francus excoluit. — [3]) Sie waren bekanntlich i. J. 38 v. Chr. von Agrippa als confoederati et hospites der Römer auf das linke Rheinufer verpflanzt. Vgl. Usinger, Anfänge der deutschen Geschichte 61.

noch die keltische[1]). Es ist demnach undenkbar, dass die noch hinter den Kelten angesiedelten deutschen Völker, die in beständigem Verkehr mit ihren Landsleuten jenseits des Rheines standen, den Römern gegenüber ihre Nationalität nicht ebenso lange bewahrt haben sollten, wenn auch nicht zu leugnen ist, dass sie sich im Laufe der Zeit manches von den Römern angeeignet hatten, z. B. die unter den Römern dienenden Bataven den Gebrauch römischer Eigennamen, die Ubier das Wohnen in ummauerten Städten. Von einer Keltisierung kann nun vollends keine Rede sein, wenn man erwägt, dass selbst die Trevirer und Nervier in dem Gefühle ihrer Kraft sich ihrer keltischen Nationalität schämten und, mit Recht oder Unrecht, germanischer Herkunft rühmten[2]). Was die sugambrische Frage angeht, so ist diese durch Müllenhoffs neuere Untersuchungen erledigt: seit dem Jahre 8 v. Chr. gab es keine Sugambern mehr, sondern nur Cugernen und Marsen sugambrischer Herkunft; als Rest des alten Namens erhielt sich einzig der der Gambrivier, die mit den Marsen identisch oder doch diesen benachbart und desselben Stammes waren; im übrigen wurde der alte Volksname zu einer rhetorischen Figur, mit welcher die Römer die Anwohner des Niederrheins und später besonders die Franken bezeichneten; dass die einst von den Sugambern gestellten römischen Truppenteile ihren alten Namen fortführten, war eine Sache für sich[3]). Das Salland an der Südostküste der Zuiderzee, von dem man die Salier früher herzuleiten pflegte, war mindestens seit dem dritten Jahrhundert in dem Besitze der Chamaven, vorher gehörte es zu den agri militum usui sepositi, Sugambern haben daselbst nie oder doch seit Caesar nicht gesessen. Da aber die Chamaven zu den ribuarischen Franken gehörten, so kann das Salland mit dem Namen der Salier nicht in Verbindung gebracht werden. Salier waren die „Seefranken"[4]), das Mündungsdelta des Rheines war aber die einzige Gegend, in welcher die Franken das Meer berührten. So vereinigt sich

---

[1]) Vgl. Diez, Grammatik der roman. Sprachen, 3. Aufl. I, 116. Derselbe führt noch weitere Beispiele aus dem inneren Gallien an. Für Trier mag auch auf Panegyr. IX (inc. auct. Constantino dic.) c. 1 hingewiesen werden. — [2]) Tacitus Germ. c. 28. — [3]) Vgl. Herkunft d. Fr. 1 f. 35. — [4]) Vgl. ebd. 28 f. Siehe auch Zeuss, a. a. O. 77.

alles, um das Land der Bataven als den Ausgangspunkt für den Namen der Salier, und das Volk der Bataven und batavischen Cannenefaten als den eigentlichen Kern derselben erkennen zu lassen ¹). Nach Zosimus haben die Salier die batavische Insel nur teilweise geräumt; dies stimmt vollständig zu den späteren Nachrichten, welche die obere Hälfte der Insel (Batua und Testerbant) noch im neunten Jahrhundert als salisches Gebiet zeigen ²). Dagegen ist der untere Teil des ehemaligen Batavenlandes später friesisch, wenn auch teilweise noch mit fränkischen Elementen gemischt ³). Die salische Wanderung hat demnach mit den dort angesessenen Cannenefaten begonnen, die den doppelten Druck der Friesen und der Chamaven auszuhalten hatten. Ende des dritten Jahrhunderts wurde, wie S. 9 bemerkt, das Vordringen der Friesen, Chamaven und Chattuarier noch einmal durch die kräftigen Massregeln des Constantius Chlorus vereitelt; auch unter Constantin d. Gr. werden sie sich dann noch ruhig verhalten und den Cannenefaten keine Veranlassung zum Uebertritt auf römisches Gebiet gegeben haben. Zuletzt wird der Name der Cannenefaten im vierten Jahrhundert genannt ⁴), die Räumung ihres Landes muss aber schon längere Zeit vor 358 erfolgt sein ⁵).

---

¹) Vgl. Herkunft d. Fr. 5—18. 28. Nur von diesen Seefranken können die fränkischen Seeräuber gekommen sein, welche gegen Ende des dritten Jahrhunderts die atlantischen Küsten unsicher machten. Vgl. Eutropius, Breviar. IX, 21. Panegyricus V. (Constantino dic.) c. 18. Dass der Name der Bataven ein deutscher, kein keltischer ist, steht ausser Zweifel, die von mir versuchte Bezugnahme auf bât (Boot) muss aber ausgeschlossen bleiben, da die Dichter Bătāvus (Martial. Epigr, VIII, 33 v. 20. XIV, 176. Juvenal, Sat. VIII, 51) oder Bătăvus (Venant. Fort., de excid. Thur. II, v. 84) lesen. Der von Müllenhoff gegen die Erklärung des Namens der Cannenefaten mit „Kahnmännern" erhobene Vorwurf trifft mich nicht, da ich mich selbst gegen dieselbe verwahrt habe (Herk. d. Fr. 15, Anm. 5). — ²) Siehe S. 43. — ³) Vgl. S. 47 f. Der Geograph von Ravenna (Ravennatis anonymi cosmographia, ed. Pinder et Parthey, 1860) kennt das Mündungsgebiet des Rheines unterhalb Dorstade (Wyk by Duurstede) bereits als friesisch: „Ingreditur vero ipse Renus in mare Oceanum sub Dorostate, Frigonum patria" (IV, c. 24). — ⁴) Herkunft d. Fr. 35. — ⁵) Amm. Marc. (s. S. 7) sagt z. J. 358: ausos olim in Romano solo apud Toxiandriam locum habitacula sibi figere. Ueber einen Ort Canengem oder Caningahem in Westflandern vgl. Herk. d. Fr. 27. Ein Kenehan, Canaan, Chenean,

Ausser den Cannenefaten haben auch die auf der anderen Seite der Bataven angesessenen Cugernen, d. h. der im Jahre 8 v. Chr. von Tiberius auf das linke Rheinufer verpflanzte Theil der Sugambern[1]), ihr Land verlassen, um zunächst nach Toxandrien überzutreten, offenbar vornehmlich unter dem Druck ihrer rechtsrheinischen Nachbarn, der Chattuarier, die sich dann nach ihrem Abzuge in ihrem Lande festgesetzt haben. Ob die Cugernen schon 360, als Julian die Chattuarier noch einmal von ihren Unternehmungen gegen Niedergermanien abhielt, ausgewandert waren, lässt sich nicht mit Sicherheit feststellen. Da aber Arbogast i. J. 392 bei seinem Heereszuge gegen die rechtsrheinischen Franken (S. 15) nur die Gebiete der Brukterer und der Chamaven verwüstete, während von den noch 360 zwischen beiden gesessenen Chattuariern keine Rede mehr ist, so scheinen die letzteren schon etwas vor 392, vielleicht bald nach dem Tode Valentinians I. (375), der noch einmal mit kraftvoller Hand das linke Rheinufer zu behaupten gewusst hatte[2]), in das Cugernenland übergesiedelt zu sein, was den vorherigen Abzug der früheren Bewohner über die Maas zur Voraussetzung haben musste[3]). Die Uebersiedelung der Cugernen nach Toxandrien kann nur im Einverständnisse mit den Saliern erfolgt sein, die in derselben eine erwünschte Verstärkung und einen Anlass zum weiteren Vordringen nach Südwesten finden mussten. So sind die Cugernen mit den Saliern zu éinem Stamme verschmolzen, wie sie schon 300 Jahre früher zu den treuesten Verbündeten der Bataven gegen die Römer gehört hatten[4]).

Die Chattuarier, die seit dem Anfange des sechsten Jahrhunderts zuerst in ihren neuen Sitzen genannt werden[5]), waren offenbar mit den Bataven sehr nahe verwandt, denn

---

westlich von Amiens, Cartul. de St. Bertin S. 422. 425 f. 437. Einen pagus Canuicensis erwähnt Form. Rozière Nr. 285. Wichtig scheint mir Batsala im pagus Atrebatensis b. Pardessus, Diplomata II, S. 183 (v. J. 680). Gesta episcopor. Cameracensium I, 26 z. J. 685 (Mon. Germ. Scr. VII, 411). — [1]) Herkunft d. Fr. 1—4. — [2]) Vgl. Ammian. Marc. XXVIII, 2, 1. — [3]) Ueber Ortsnamen, die an den Namen der Cugernen anzuknüpfen scheinen, vgl. Herkunft d. Fr. 27. — [4]) Tacitus, Hist. IV, 26. V, 16. Ueber die Hilfstruppen, die sie den Römern in früherer Zeit stellten, s. Herkunft d. Fr. 3, Anm. 1. — [5]) Herkunft d. Fr. 20.

nur so ist es erklärlich, dass seit dem achten Jahrhundert die beiden benachbarten Völker so oft unter demselben Namen, bald dem der Bataven, bald dem der Chattuarier, verstanden werden[1]), während das vierte Jahrhundert, in welchem sie noch politisch getrennt waren, streng zwischen den Franci Salii und den Franci Chattuarii unterschied. Wir haben demnach zu vermuten, dass die Chattuarier später ebenfalls zu den Saliern gerechnet wurden, und es fehlt nicht an positiven Gründen für diese Annahme[2]).

Dagegen hat der Stamm der Ribuarier seinen Ausgang von den Chamaven, den Brukterern und Ampsivariern genommen, während die Ubier dabei wie einst bei dem Batavenaufstande[3]) nur eine passive Rolle gespielt haben können; dass diese Ende des vierten Jahrhunderts noch nicht entnationalisiert waren, ist mit Sicherheit anzunehmen (s. S. 11); da das linksrheinische Ribuarien im wesentlichen genau die Grenzen des alten Ubierlandes innegehalten hat (s. S. 46), von einer Vertreibung der früheren Bewohner aber nichts berichtet wird, so müssen sie in den neugebildeten Stamm der „Uferfranken", wenn auch zum Teil nur als Hörige, aufgegangen sein[4]). Das den Ubiern gegenüberliegende rechte Rheinufer bis zu der „Francia" der Chattuarier finden wir schon auf der Peutingerschen Karte, also seit dem ersten Drittel des dritten Jahrhunderts, im Besitze der Brukterer, und zwar zunächst wohl der kleinen Brukterer, die sich, wie S. 5 entwickelt wurde, dem rheinaufwärts gerichteten Zuge der Usiper, Tencterer und Tubanten angeschlossen zu haben scheinen. Ihre Beteiligung an den Unternehmungen der Franken tritt zuerst unter Constantin dem Grossen hervor. Derselbe hatte einen Einfall der überrheinischen Franken zurückgeschlagen und die meisten Gefangenen, darunter die Könige Ascarich und Regais, grausam getödtet[5]). „Ut tamen", führt einer seiner Panegyriker fort, „omnibus modis barbarorum immanitas frange-

---

[1]) Ebd. 19 f. — [2]) Wenigstens wurde der Hattuariergau nicht zu Ribuarien gerechnet (s. S. 43. 46) und die Grafen von Gennep wurden gegen 1100 ausdrücklich als Salier bezeichnet: „de prosapia Francorum et Germanorum Salicorum". Vita Norberti c. 1. (Mon. Germ. Scr. XII, 670). — [3]) Tacitus, Hist. IV, 64—66. — [4]) Herkunft d. Fr. 60 f. — [5]) Panegyr. VII, c. 10 ff. IX, c. 22 ff. X, c. 16 ff. Eutrop. Breviar. X, c. 3.

retur nec sola hostes regum suorum supplicia maererent, etiam immissa Bructeris vastatione fecisti, imperator invicte. in quo prima consilii tui fuit ratio, quod exercitu repente traiecto inopinantes adortus es, .... ut illa natio perfugiis silvarum et paludum bellum solita frustrari fugae tempus amitteret. caesi igitur innumerabiles, capti plurimi; quicquid fuit pecoris, raptum aut trucidatum est; vici omnes igne consumpti...... Insuper etiam Agrippinensi ponte faciundo reliquiis afflictae gentis insultas, ne umquam metus ponat, semper horreat" [1]). Unverkennbar waren die Brukterer das Haupt der von den genannten Frankenkönigen geleiteten Bewegung gewesen; auch die bei Köln geschlagene Rheinbrücke war in erster Reihe gegen sie gerichtet. Nicht anders war es, als die Franken unter ihren Herzögen Genobaud, Marcomer und Sunno i. J. 388 in Niedergermanien eingefallen waren und das bei Neuss über den Rhein gegangene Heer des Quintinus vernichtet hatten; der vier Jahre später unter dem Grafen Arbogast unternommene Rachezug der Römer gieng bei Köln über den Rhein: „Arbogastes, Sunnonem et Marcomerem subregulos Francorum gentilibus odiis insectans, Agrippinam rigente maxime hieme petiit, ratus tuto omnes Franciae recessus penetrandos urendosque, cum decussis foliis nudae atque arentes silvae insidiantes occulere non possent. collecto ergo exercitu transgressus Rhenum Bricteros ripae proximos, pagum etiam quem Chamavi incolunt, depopulatus est, nullo unquam occursante, nisi quod pauci ex Ampsuariis et Chattis Marcomere duce in ulterioribus collium iugis apparuere". Aus diesem von Gregor (Hist. Franc. II, 9) überlieferten Berichte des Sulpicius Alexander geht mit Sicherheit hervor, dass man das am rechten Rheinufer Köln gegenüber gelegene Land der Brukterer ebenso wie den Gau der Chamaven zu „Francia" rechnete und dass beide unmittelbar an einander grenzten, während sie früher durch die Chattuarier getrennt wurden. Die letzteren müssen demnach schon vor 392 ihre Uebersiedelung in das früher von den Cugernen bewohnte Land auf dem linken Rheinufer bewerkstelligt haben [2]). Das dadurch frei gewordene Gebiet auf dem rechten Rheinufer hatten dann

---

[1]) Panegyr. VII, c. 12 f. — [2]) Vgl. S. 13.

nachrückende Brukterer eingenommen, unter denen wir nun wohl die grossen Brukterer zu denken haben, die damals wie noch 300 Jahre später einem von den Sachsen auf sie ausgeübten Drucke weichend sich westwärts gegen den Rhein zu ziehen genötigt waren [1]). Denn davon kann keine Rede sein, dass die früher an der oberen Ems nördlich von den kleinen Brukterern angesiedelten grossen Brukterer im Gegensatze zu jenen nicht in dem Stamme der Franken, sondern in dem der Sachsen aufgegangen sein sollten [2]). Dem Zuge der Brukterer hatten sich die Ampsivarier angeschlossen. Die Peutingersche Karte zeigt sie im Rücken der Chamaven mit dem verstümmelten Namen „varii", hinter ihnen (als ihre östlichen Nachbarn) die Angrivarier in ähnlicher Verstümmelung als „vapii"; dass wir die Entstellungen der Karte so zu deuten haben, ergibt das Völkerverzeichniss aus dem Anfange des vierten Jahrhunderts, welches Camari (d. h. Chamavi), Crinsiani (Frisiavi?), Amsivari und Angrivari in éiner Reihe nennt [3]). Der Bericht des Sulpicius Alexander zeigt sie im Bunde mit

---

[1]) Beda, Histor. eccl. gentis Anglorum V, c. 11, § 386 erzählt z. J. 693 von dem heil. Suidberht: „ad gentem Boructuarorum secessit ac multos eorum praedicando ad viam veritatis perduxit. sed expugnatis non longo post tempore Boructuaris a gente antiquorum Saxonum, dispersi sunt quolibet hi, qui verbum receperant". Eine Fortsetzung dieser von den Sachsen auf die ihnen zunächst wohnenden fränkischen Völkerschaften ausgeübten Angriffe bildete ihr Einfall in den Hattuariergau i. J. 715 (vgl. Herkunft d. Fr. 26, Anm. 3). Schon unter Chlothar I. waren die Sachsen einmal bis Deutz vorgedrungen (Gregor, Hist. Franc. IV, c. 16). — [2]) Dies ist u. a. die früher auch von mir geteilte Ansicht v. Richthofens (Mon. Germ. Leg. V, S. 92 f.) wegen der Bezeichnung der Westfalen als „Bortrini" im Capitulare Saxonicum v. 797 c. 11. Allein hier ist offenbar der Name des einen grossen Teil Westfalens einnehmenden Gaues Borohtra auf die nunmehrigen Bewohner desselben ganz so übertragen, wie der des Bardengaues auf die sächsischen Barden bei Helmold (Chronica Slavor. I, c. 25, 34, Mon. Germ. Scr. XXI, S. 29, 38), die von manchen in derselben irrtümlichen Auffassung für Nachkommen der Langobarden gehalten sind. Die Anm. 1 mitgeteilte Erzählung des Beda lässt über den Gegensatz zwischen Brukterern und Sachsen (Altsachsen im Gegensatze zu den Angelsachsen) keinen Zweifel. Die Missionsbestrebungen Suidberhts bei den Brukterern wurden unter Bonifacius fortgesetzt. Vgl. den Brief Gregors III. v. 737—739 b. Jaffé, Mon. Mogunt. S. 101. — [3]) Müllenhoff bei Mommsen, a. a. O. 520 f. Germania antiqua S. 157. Vgl. Herkunft d. Fr. 61 ff.

den Chamaven, Brukterern und Chatten, und zwar neben den letzteren unter der Führung des Frankenherzogs Marcomer. Von demselben Schriftsteller (Gregor, Hist. Franc. II, c. 9) erfahren wir, dass der von Arbogast eingesetzte Kaiser Eugenius († 394) im Jahre 393 mit den Königen der Alamannen und (überrheinischen) Franken die „alten Bündnisse erneuert" habe. So nennt denn auch die Notitia dignitatum im römischen Heere eine „cohors Chamavorum" und unter den Hilfstruppen begegnen Bructeri und Ampsivarii wiederholt neben einander[1]). Auch gegen Attila kämpften die Ribuarier, wofern die „Riparioli" des Jordanes auf sie zu beziehen sind, auf römischer Seite[2]). Die nachweislich letzte römische Inschrift im Ribuarierlande findet sich zu Köln und trägt die Namen der Kaiser Theodosius, Arcadius und Eugenius, wahrscheinlich auch den des comes Arbogast, ist demnach 393 oder 394 entstanden[3]). Bald darauf ist die offizielle Herschaft der Römer aus Niedergermanien verschwunden, die Notitia dignitatum zeigt um das Jahr 400 die Ausdehnung der römischen Grenzstationen am Rhein (unter dem dux Mogontiacensis) nur noch bis Coblenz und Andernach, also bis zur Grenze Obergermaniens[4]). Die niedergermanischen Städte Remagen, Bonn, Köln, Neuss werden nicht mehr zum römischen Reiche gerechnet. Gleichwohl hat es noch Jahrzehnte gedauert, bis die Ribuarier sich hier endgiltig festzusetzen vermochten. Ein offenbar erst vor ihrem Andringen vergrabener Schatz, den man bei Heerlen in der Nähe von Achen aufgefunden, enthält noch Münzen der Kaiser Arcadius, Honorius und Constantin III. (407—411)[5]). Salvianus, gegen 400 geboren, war schon ein gereifter Mann, als Köln von den Franken, denen es fortan als Königssitz diente, erobert wurde[6]); andererseits kennt sein zwischen 439 und 451 geschriebenes Werk „de gubernatione dei" die Stadt bereits in den Händen der Barbaren[7]). In der ersten Hälfte

---

[1]) Notit. dignit. Orient. c. 28 (Böcking I, S. 76). Occid. c. 5, 7 (Böcking II, S. 18, 25, 35). — [2]) Jordanes, Hist. de Gothorum origine c. 36. — [3]) Brambach, Corp. inscript. Rhenanarum Nr. 360. — [4]) Vgl. Herkunft d. Fr. 64. — [5]) Vgl. Soetbeer, Beitr. z. Geschichte des Geld- und Münzwesens in Deutschland, Forsch. z. deutsch. Gesch. I, 567 f. — [6]) Salviani epist. I. (Mon. Germ. Auct. antiqu. I, 108 f.). — [7]) De gubernatione dei VI, c. 8, § 39. c. 13, § 77 (ebd. I, 74, 79).

des fünften Jahrhunderts war an Mosel und Rhein durch Aëtius noch einmal ein Rückschlag eingetreten, dem nun ein Ziel gesetzt wurde [1]). Dann scheint Aegidius noch einmal im Besitze von Köln gewesen zu sein, bis es 463 abermals, und nun dauernd, an die Franken verloren gieng [2]).
Wir kommen schliesslich zu den Chatten, in denen ich den Kern und die treibende Kraft des Stammes der Salier nachzuweisen gesucht habe. Dem ist Müllenhoff sehr entschieden entgegengetreten, „denn nichts", sagt er, „kann gewisser sein, als dass die Hessen die nächsten Sippen der Thüringer sind und durch diese zu der grossen Gemeinschaft gehörten, aus der die hochdeutschen Stämme hervorgegangen sind. Die römische Fabel [3]) ist vollkommen ein eben solcher Unsinn wie der Ulixes oder die Trojaner am Niederrhein, und es sollte keinem auch nur einfallen, sie zu gebrauchen, um die Umwandelung der nördlichen Alemannen in Franken zu erklären." Müllenhoff geht demnach von der Annahme aus, dass die Scheidung zwischen den hoch- und niederdeutschen Stämmen bereits vor der in Folge der hochdeutschen Lautverschiebung eingetretenen sprachlichen Trennung vorhanden gewesen sei, und da ihm die Hochdeutschen mit den Herminonen, die Franken dagegen mit den Istävonen zusammenfallen, so rechnet er die herminonischen Chatten zu den Hochdeutschen und will sie erst durch einen Umwandlungsprozess zu Franken geworden sein lassen. Richtig ist ja, dass Plinius, dessen Angaben über die germanischen Völkerfamilien entschieden den Vorzug vor denen des Tacitus verdienen, die Chatten zu den Herminonen rechnet: „Mediterranei Herminones, quorum Suebi, Hermunduri, Chatti, Cherusci" (Natur. hist. IV, 99), und dass Caesar noch keinen besonderen Volksnamen der Chatten gekannt hat, sondern diese und ihre thüringischen Nachbarn „Sueben" nennt [4]). Allein was ist mit diesen vagen

---

[1]) Prosper Aquitanus, Chronicon, ad a. 428 (Bouquet I, 630): Pars Galliarum propinqua Rheno, quam Franci possidendam occupaverant, Aëtii comitis armis recepta. — [2]) Siehe S. 30, Anm. 2 v. Sybel, Entstehung des Königthums S. 181. — [3]) Nämlich die Erzählung des Tacitus von der chattischen Herkunft der Bataven. — [4]) Vgl. Wenck, Hess. Landesgesch. II, 20. Gaupp, Das alte Gesetz der Thüringer 75. Zeuss, a. a. O. 94 f. J. Grimm, Gesch. d. deutsch. Sprache, 3. Aufl. 393.

Angaben gewonnen? Der Begriff der Sueben ist offenbar lange Zeit ganz unbestimmt oder wenigstens den Römern unklar gewesen. Tacitus, der hier am besten unterrichtet ist, begeht doch den Fehler, die im Nordosten gesessenen und seinem Gesichtskreise am weitesten entrückten Ostgermanen zu den Sueben zu rechnen; im übrigen kennt er die gemeinsamen religiösen Einrichtungen der sich um die Semnonen als ihr Haupt gruppierenden Sueben sehr genau und weiss, dass sich die Sueben durch besondere Haartracht und besonderen Dialekt von den anderen Germanen unterscheiden, fügt aber (Germ. c. 38) vorsichtig hinzu, dass viele Völkerschaften sich für Sueben ausgeben, die keine seien. Gerade die Chatten weiss er streng von ihnen zu unterscheiden, sie besitzen eine so ausgeprägte Individualität, dass eine Verwechselung nicht möglich ist[1]); dagegen rechnet er die Hermunduren, die Müllenhoff mit den Chatten zusammenstellt, zu den Sueben, während Plinius Sueben, Hermunduren und Chatten unterscheidet. Nach Plinius wären auch die Cherusker Herminonen gewesen, die dagegen Caesar (Bell. Gall. VI, 10) von seinen Sueben durchaus unterscheidet; mit demselben Rechte wie die Chatten müsste man dann auch die Cherusker für „nördliche Alemannen" erklären. Man sieht, wie wenig aus so unbestimmten und widerspruchsvollen Nachrichten, wie wir sie über die Herminonen und Sueben besitzen, zu entnehmen ist. Das einzige positive Ergebniss ist, dass die Chatten im ersten Jahrhundert unserer Zeitrechnung einen entschiedenen Gegensatz zu den Sueben, also auch zu den suebischen Hermunduren, bildeten. Und wie steht es nun erst mit den Angaben über die Istväonen oder Istävonen! Tacitus ist ganz unbestimmt und Plinius hat gerade hier eine empfindliche Lücke: „Proximi autem Rheno

---

Mommsen, Röm. Gesch. III. 6. Aufl. S. 243. 268. G. Kaufmann, Deutsche Geschichte bis auf Karl d. Gr. I, 203. Was man aus den geographischen Angaben des Caesar über die Sitze seiner Sueben-Chatten gefolgert hat, findet die vollste Bestätigung in seiner Schilderung ihrer Wehrverfassung, die nur als eine Vorstufe der von Tacitus beschriebenen chattischen Heereseinrichtungen erscheint. Vgl. meine Ausführungen in der Histor. Zeitschrift, Neue Folge X, 128. — [1]) Auch Strabo VII, S. 290 f. und Cassius Dio LV, 1 unterscheiden zwischen Chatten und Sueben. Vgl. auch unten S. 31.

Istvaeones, quorum pars ......" Bei dem Fehlen jeder speziellen Angabe kann man hieraus doch unmöglich schliessen, dass die sämmtlichen damals an den Rhein grenzenden Völkerschaften ohne Ausnahme Istväonen gewesen seien; dann wären ja auch die Triboker, Nemeter, Vangionen und Mattiaken Istväonen gewesen. Mit so allgemeinen Angaben kann man nicht operieren. Insbesondere haben wir in Betreff der Bataven und Cannenefaten kein Recht, sie als „proximi Oceano" zu den Ingväonen oder als „proximi Rheno" zu den Istväonen zu zählen, so lange nicht die zweimalige, bestimmte Mitteilung des Tacitus[1]), dass sie chattischer Herkunft waren und ihre ursprüngliche Heimat wegen innerer Zwistigkeiten (oder wol richtiger wegen Uebervölkerung) verlassen hatten, durch Gegenzeugnisse von gleicher Bestimmtheit aufgewogen wird. Was Müllenhoff anführt, um die Erzählung des Tacitus zu einer „römischen Fabel", zu einem „Unsinn" zu stempeln, beruht im Grunde einzig auf der Anschauung, dass der ursprüngliche Gegensatz zwischen Hoch- und Niederdeutschen es unmöglich mache, dass die niederdeutschen Salier (Bataven, Cannenefaten) mit den hochdeutschen Chatten eines und desselben Stammes gewesen seien, und darum muss das Zeugniss des Tacitus, das die chattische Herkunft der Salier bestätigt, entfernt werden. Die Sache liegt umgekehrt: die durch keine positive Nachricht beglaubigte Theorie von der ursprünglichen Zweiteilung der Westgermanen hat gerade an den Saliern und Chatten ihre Probe zu bestehen; wird sie hier hinfällig, so ist sie überhaupt beseitigt und damit der Beweis geliefert, dass die im sechsten oder siebenten Jahrhundert eingetretene Sprachenscheidung keine nationale Bedeutung hatte und dass die räumliche Ausbreitung des Hochdeutschen aus nachbarlichen Beziehungen und geographischen Verhältnissen zu erklären, so zu sagen als Kulturentwickelung aufzufassen ist.

Bei der grossen Bedeutung, welche wir hiernach der richtigen Erkenntniss der in dem Stamme der salischen Franken enthaltenen Elemente beizumessen haben, scheint uns eine möglichst erschöpfende Beweisführung geboten. Wir nehmen deshalb unsern Ausgang von der selbst von Müllenhoff nicht

---

[1]) Germania c. 29. Histor. IV, 12.

bestrittenen Thatsache, dass die Hessen, also die Nachkommen der in der ursprünglichen Heimat des Stammes verbliebenen Chatten, im Mittelalter zu den Franken gerechnet wurden. Immerhin wird es zur Sache förderlich sein, wenn wir zunächst feststellen, dass es sich dabei nicht um ein bloss geographisches Verhältniss handelte, nach welchem das Hessenland politisch einen Teil von Francia bildete, sondern dass seine Einwohner in der That Franken, und zwar salische Franken, waren und insofern in einem entschiedenen Gegensatze zu den Thüringern standen. Wir ordnen die Zeugnisse[1]), indem wir von den eigentlichen Hessen zu den Rheinfranken, sodann zu den Mosellanden und Ostfranken übergehen. Die Gleichartigkeit der Bevölkerung aller dieser Gebiete wird sich unten ergeben.

I. **Hessen und Rheinfranken.** An die Spitze stellen wir eine Urkunde v. J. 815, die ein geradezu klassisches Zeugniss für die Geltung des fränkischen (salischen wie ribuarischen) ehelichen Güterrechts in unserem Gebiete ablegt[2]). Ein gewisser Randolf und seine Gattin Diderot schenken dem Kloster Hersfeld unter Vorbehalt des lebenslänglichen Niessbrauches Güter in Mainz, dem Wormsgau und dem oberen Rheingau (in pago superiori Rinisse, dem ostrheinischen Nahgowe). Stirbt Randolf vor seiner Frau, so fallen zwei Drittel der ehelichen Errungenschaft (elaboratus nostri in argento et auro et omni suppellectili) sofort an das Kloster, alles übrige behält Diderot, so lange sie ledig bleibt; geht sie eine zweite Ehe ein, so verliert sie den Niessbrauch an Randolfs Schenkung und behält ihn nur an ihrem Eingebrachten und ihrem Wittum (haereditatem cum dote ipsius in beneficium habeat, quamdiu advixerit, et omnis haereditas mea ad supradictam ecclesiam revertatur), sowie selbstverständlich an ihrem Errungenschaftsdrittel. Umgekehrt hat Randolf, wenn er seine Frau überlebt, ein Drittel der ehelichen Errungenschaft sofort

---

[1]) Viele derselben schon bei Waitz, Verf. Gesch. V, 149 f. —
[2]) Wenck, Hess. Landesgeschichte, II. Bd. Urk.-B. S. 20 ff. Nr. 15 Ueber die Errungenschaftsanteile vgl. meine Geschichte d. ehel. Güterrechts I, S. 91 ff. 156 f. 172. II. 2, S. 47 f. Sandhaas, Fränk. ehel. Güterrecht 83 ff. 121 f. Ueber das Wittum besonders Sohm i. d. Zeitschr. f. Rechtsgeschichte V, 419—425.

herauszugeben (tertia pars elaboratus nostri in auro et argento et omni suppellectili ad suprascriptam ecclesiam revertatur); im Falle einer Wiederverheiratung verliert er das Eingebrachte und das Wittum der Diderot (omnis hereditas illius cum dote sua) und behält nur den Niessbrauch an seiner eigenen Schenkung. Im Laufe der Jahrhunderte ist die fränkische Errungenschaftsgemeinschaft auch bei den Alamannen, Baiern und Thüringern heimisch geworden, aber im Anfange des neunten Jahrhunderts kann davon noch keine Rede sein. — Wir lassen nun die übrigen Zeugnisse, nach Gauen geordnet, folgen. a) Hessengau[1]). Vulfisanger bei Kassel, unweit der sächsischen Grenze, hatte zur Zeit Karls d. Gr. aus Sachsen und Franken gemischte Bevölkerung: „villam V. a. Francis et Saxonibus habitatam" (Sickel, Regesten d. Karolinger, Acta Karoli Nr. 235 v. 811, Nr. 247 v. 813). Münden erhält 1246 von Herzog Otto von Braunschweig eine Bestätigung des fränkischen Rechtes: „Civitas dicta, cum in terra Franconica sita sit, iure Francorum fruitur et potitur, quod in ea nolumus immutare" (Gengler, Deutsche Stadtrechte S. 303). Witzenhausen, Notariatsinstrument v. 1428 über die Privilegien und Freiheiten der „uff frenkeschem ertriche gelegenen, auch sich frenkesches gerechtes gebrukenden stad Witzenhussen" (ebd. 559). b) Buchonia. Vertrag des Erzbischofs Luipold von Mainz mit Abt Meginher über die Besitzungen der Abtei Hersfeld, v. J. 1057: „Decrevimus communi assensu pactiones nostras primum, ut oportet, ecclesiastica, dein ingenua Francorum lege taxatas et firmatas apicibus annotari" (Wenck, Hess. Landesgeschichte, II. Urk.-B. S. 45, Nr. 35). c) Wetereiba. Ein Graf Dietrich verkauft Büdesheim (Budenesheim quod est situm in Wedereiba) an St. Michael

---

[1]) Vgl. Poëta Saxo, ad a. 774 (Mon. Germ. Script. I, 230): „Francorum pagum qui dicitur Hassi". Zum Hessengau könnte man vielleicht auch eine Urkunde v. 1073 (bei Wenck, a. a. O. II. Urk.-B. S. 47, Nr. 37) rechnen, in welcher ein gewisser Sigebodus selbzwölft seine Freiheit und Verfügungsfähigkeit beschwört (vgl. v. Amira, Zur salfränkischen Eideshilfe, i. d. Germania, Neue Reihe VIII, 53 ff.), doch gehört der Schauplatz derselben in den westlichen Teil des thüringischen Gaues Germaramarca, auch war der Zwölfereid der Lex Angliorum et Werinorum nicht unbekannt.

zu Bamberg, die Auflassung erfolgt zunächst vor Kaiser Konrad II. zu Driburg in Westfalen „incurvatis digitis secundum morem Saxonicum" vor 10 Sachsen als Zeugen, „et deinde abnegationem fecit cum manu et festuca more Francorum", wobei als Zeugen 24 Orientales Franci genannt werden[1]).
d) Oberer Lahngau. Privileg des Landgrafen Heinrich I. v. 1272 für Grünberg: „Concedimus dilectis civibus nostris in Grunenberg gaudere iuribus subscriptis, quibus gavisi fuisse dicuntur a temporibus retroactis. dicunt itaque se Francones esse et ideo sortiti sunt ius Franconum" (Gengler, a. a. O. 175. Archiv f. hess. Gesch. II, 125). e) Maingau. Weistum von Oberramstadt (Grimm, Weisthümer I, 485 Anm.): „Der vorsprecher soll sich verdingen nach Franken recht". f) Nahegau. Die Brüder Lantbert und Megingoz waren wegen Raubes verurteilt worden, dabei wurde ihnen nach einer Urkunde Kaiser Ottos I. v. 961[2]) ihr Grundbesitz „per Emichonem comitem secundum ius scitumque Francorum iudiciumve scabinorum ablatum et in fiscum regium debita bannorum examinatione transmissum". g) Clemisgowe. Auflassung von Grundstücken in Hirschlanden und Hausen in Gegenwart fränkischer Zeugen, „quod predictum predium in terra Francorum situm est"[3]).

II. Ducatus Mosellanus. a) Hundsrück. Die Freie Gertrud von Honrein (Horn bei Castellaun) gibt sich und ihre in der Umgegend belegenen Besitzungen 1135 „Francorum iure" dem Kloster Ravengirsburg zu Eigen[4]). b) Trechere. Blutrecht von Bacharach (Grimm, Weisthümer II, 213): „als der scheffen und lantman wisent, daz ein Franke den andern eins schaichis und eins mordes gichtig sol machen".

---

[1]) Traditiones St. Michaëlis, bei Schannat, Vindem. liter. I, S. 41. Den Gegensatz zeigt u. a. Trad. Corb. (herausg. v. Wigand) § 363 aus dem sächsischen Hessengau (auch bei Loersch u. Schröder, Urk.-B. z. Gesch. d. deutsch. Privatrechts Nr. 72). Guden, Cod. dipl. I, S. 162 v. 1144. Möser, Urkunden zur Osnabr. Gesch. Nr. 21 f. v. J. 1049 (auch bei Loersch u. Schröder, a. a. O. Nr. 60). Vgl. Sohm, Fränk. Recht u. röm. Recht S. 30. — [2]) Beyer, Urk.-B. z. Gesch. d. mittelrhein. Territorien I, S. 268, Nr. 208. — [3]) Wirtemberg. Urk.-B. II, S. 399 (zwischen 1133 u. 1152). Vgl. unten S. 26. — [4]) Beyer, a. a. O. I, S. 535, Nr. 480. Vgl. S. 703, Nr. 646 (1166).

III. **Ostfranken.** a) **Elisanzgowe.** Die Edlen von Obrigheim (Oberencheim) vollziehen 1143 eine Auflassung „iuxta legem Francorum"¹). b) **Murrachgowe.** Konrad, Sohn des Grafen von Laufen, schenkt der Kirche zu Worms, deren Vasall er ist, i. J. 1127 „secundum legem Francorum" acht seiner Dienstmannen²). c) **Cochingowe und Mulachgowe.** Kaiser Heinrich II. erteilt 1024 der Abtei Elwangen das Wildbannrecht für ihren Wald Virigunda, „cuius pars Francorum legibus subiacet in pagis Muleggowe et Chochengowe"³). d) **Waltsazi.** Markenbeschreibung von Würzburg v. 779: „friero Franchono erbi"⁴). Kampfrechtsordnung des fränkischen Landgerichts zu Würzburg (Grimm, Weisthümer III, 601 ff.): „nach kampfrecht und Frankenrecht". e) **Grapfeld.** Erzbischof Hartwig von Magdeburg kauft im Anfange des zwölften Jahrhunderts „castrum quoddam Swinevordiae situm in Orientali Francia cum omnibus praediis et pertinentiis suis a B., filia Ottonis ducis Suevorum, legitima Francorum traditione"⁵). Für Schmalkalden wurde noch durch Statut v. 1527 bestätigt, dass es „des orts von alters herkommen und gepraucht worden", dass „nach fränkischen rechten procedirt und gehandelt werden soll" (Thomas, Der Oberhof Frankfurt S. 137). — Das **Bistum Würzburg** wurde schon 742 bei seiner Errichtung durch Bonifacius im Gegensatze zu dem bairischen Bistum Eichstädt als fränkisches Bistum bezeichnet. Willibalds Vita s. Bonifacii c. 8 (Jaffé, Monum. Moguntina 461): „Duos bonae industriae viros ad ordinem episcopatus promovit, Willibaldum et Burchhardum, eisque in intimis orientalium Franchorum partibus et Baioariorum terminis aecclesias sibi commissas inpertiendo distribuit. et Willibaldo suae gubernationis parrochiam commendavit in loco cuius vocabulum est Eihstat, Purchhardo vero in loco qui appellatur Wirzaburch dignitatis officium delegavit et aecclesias in confinibus Franchorum et Saxonum atque Sclavorum suo officio deputavit".

---

¹) Wirtemberg. Urk.-B. I, S. 410. — ²) Ebd. I, S. 374, Nr. 291. — ³) Ebd. I, S. 256, Nr. 217. Vgl. II, S. 66, Nr. 340 (1152). — ⁴) Müllenhoff u. Scherer, Denkmäler deutscher Poësie und Prosa, 2. Aufl. Nr. 64, 2. Vgl. Poëta Saxo, ad a. 793 (Mon. Germ. Script. I, 250): ad Francos rediit, natalis gaudia Christi devote caelebrans Moini prope clara fluenta, qua locus insignis Kiliani martyris .... fulget. — ⁵) Chronicon Magdeburgense b. Meibom, Scriptores II, 320.

Dass alle diese Franken in Hessen, Rheinfranken, den Mosellanden und Ostfranken demselben Stamme angehörten, dass sie nämlich Chatten waren[1]), wenn auch in manchen Gegenden mit alamannischen Elementen gemischt, ergibt sich aus der Sprache[2]), den Ortsnamen[3]) und mit noch grösserer Bestimmtheit aus den Rechtseinrichtungen[4]). Aus den letzteren ersieht man zugleich, dass sie salische Franken waren[5]), wofür der „Libellus de libertate Epternacensi", den der Mönch Theoderich 1192 Kaiser Heinrich VI. überreichte, durch die Bezeichnung des Adels der Grafschaft Luxemburg als „Salicae conditionis" eine erwünschte Bestätigung gewährt[6]). Dass dies nicht in dem abstracten Sinne von vornehmer Herkunft, sondern ganz konkret von der Stammeszugehörigkeit zu verstehen, folgt aus der Bezeichnung der Vasallen des Raginbald im Salingau als „lege Salica viventes", des Grafen Peter von Lützelburg im Saargau als „unus ex nobilioribus Francorum et Salicorum proceribus", des Schlosses Luckesheim (Lixheim) im Saargau als „castrum Salicae gentis", endlich aus dem „iudicium principum et maxime Salicorum" in einem Kölner Hofgericht Konrads III. v. J. 1138 über eine Klagesache gegen den Grafen von Namur[7]).

Auch nach Osten hin haben die Chatten die grosse Kulturmission des Frankenstammes verfolgt[8]). Mühlhausen in

---

[1]) Vgl. Zeuss, a. a. O. 319. 323. Platner, i. d. Forsch. z. deutsch. Gesch. XX, 190 f. — [2]) Vgl. Weinhold, Mittelhochdeutsche Grammatik § 138. Heinzel, Geschichte der niederfränk. Geschäftssprache S. 344. — [3]) Vgl. Ausbreitung d. Fr. 144. Arnold, Ansiedelungen und Wanderungen deutscher Stämme, S. 176—220. Ein Hessencheim oder Hessinkein, das heutige Hessigheim im würtemb. Oberamt Besigheim, s. Wirtemb. Urk.-B. II, S. 401. III, S. 433. — [4]) Vgl. Abschnitt III. — [5]) Vgl. S. 43 f. — [6]) Monum. Germ. Script. XXIII, 67: Illud summatim vestre celsitudini significare dignum duximus de Luzelburgensi comitatu, qui sint et quam nobiles, utpote Salicae conditionis et libertatis ex magna parte homines, qui hominium debent ad eundem comitatum de beneficiis decentibus et hereditario iure de regno attingentibus de prefatis bonis s. Willibrordi, que ipse sanctus firma et rata testamentorum confirmatione delegaverat ecclesie sue Epternacensi. Mit „ex magna parte" ist doch wol der die überwiegende Mehrzahl bildende einheimische Adel im Gegensatze zu den eingewanderten Geschlechtern gemeint. — [7]) Die Citate s. Ausbreitung d. Fr. 167 f. Herkunft d. Fr. 46 f. — [8]) Ueber das Folgende vgl. die sorgfältige Untersuchung von K. Schulz,

Thüringen wurde schon nach einer Urkunde Karls d. Gr. v. 775 von „Franci homines" bewohnt[1]). Zu Lupnitz (Lupenz) im thüringischen Westergo wohnten Sclavi und 55 Franci[2]) und zu Sunthausen im Westergo finden wir in der ersten Hälfte des zwölften Jahrhunderts die Edle Mathilde mit ihren Söhnen, welche ihre Besitzungen zu Hirschlanden und Hausen (s. S. 23) vor fränkischen Zeugen aufliessen, „quia Franci fuerunt, maxime quod predictum predium in terra Francorum situm est et prenominata matrona cum suis coheredibus Francorum lege regenda atque cohercenda est"[3]). Auch die Herren von Stechow, „profitentes se iuri Franconum cum progenitoribus suis addictos" veräusserten i. J. 1181 „possessionem suam in Borsendorph" (Porstendorf nördl. v. Jena, Gau Husitin) „iure et iudicio Franconum"[4]). Im Nabelgau veräusserte 1052 ein gewisser Sicco das ihm von Kaiser Konrad II. geschenkte Dorf Buhila (Büchel), „iure Francorum concedente et simul tradente uxore sua Azelon, cui idem Sicco predium hoc in dotem dederat", offenbar war er ebenfalls ein Franke[5]). Auch die Grafen von Lobdeburg waren ein in Thüringen eingewandertes fränkisches Geschlecht und verliehen ihre Besitzungen zu fränkischem Recht[6]). Derartige Verleihungen zu fränkischem Recht, mit dem sich im Laufe der Zeit ein ganz bestimmter, von der Nationalität des Verleihers wie des Beliehenen unabhängiger Begriff verband, kamen dann auch jenseits der Saale im Osterlande, der Mark Meissen, der Mark Lausitz und Schlesien vor[7]), wo sie sich mit den flämischen Kolonien berührten[8]), so dass sich hier die beiden grossen Zweige des Salierstammes, der bestimmt war, so zu sagen das Salz des deutschen Volkes zu werden, die Hände reichten.

---

Das Urtheil des Königsgerichts unter Friedrich Barbarossa über die Porstendorfer Besitzung des Klosters Pforta (Separ. Abdr. a. d. Zeitschr. f. thür. Gesch. IX), besonders die Zusammenstellung daselbst S. 45 ff. — [1]) Urk.-B. der Reichsstadt Mühlhausen Nr. 1: „in alio loco, ubi Franci homines conmanent, cuius vocabulum est Molinhuso". — [2]) Dronke, Trad. Fuld. c. 43 § 11. — [3]) Wirtemb. Urk.-B. II, 399. Vgl. Zeitschr. f. Rechtsgesch. IX, 410. — [4]) Der Erläuterung dieser Urkunde ist die oben angeführte Schrift von Schulz ganz besonders gewidmet. Den Text der Urkunde s. daselbst S. 82. — [5]) Vgl. K. Schulz, a. a. O. 52 f. — [6]) Vgl. ebd. 21 ff. 46. 62 f. 85 f. — [7]) Vgl. ebd. 54 ff. — [8]) Vgl. Niederländ. Kolonien 27. 36 f.

Erst jetzt schreiten wir zu dem Beweise, dass die Chatten nicht etwa, wie Müllenhoff annimmt, aus Stammverwandten der Alamannen und Thüringer in Franken umgewandelt worden sind, sondern dass sie vielmehr den Ausgangspunkt und die dauernde Grundlage für den Stamm der salischen Franken gebildet haben. Schon der Gegensatz der Thüringer gegen die in ihrem Lande angesiedelten Franken[1]), die doch unzweifelhaft chattische Franken waren, passt schlecht zu dem von Müllenhoff angenommenen Verhältniss zwischen Chatten und Thüringern. Aber vor allem, wie konnten die Chatten in Salier umgewandelt werden, da sie doch sogar in ihren Kolonien an der Mosel von den Saliern in Belgien und Nordfrankreich durch weite romanische Gebiete getrennt waren? Die allmähliche Aufsaugung ihres suebischen Wesens hätte doch nur von den ihnen allein benachbarten Ribuariern ausgehen können, aber ribuarisch sind sie niemals gewesen! Und wann sollte die Umwandlung ihren Anfang genommen haben? Sicher doch nicht vor Mitte des sechsten Jahrhunderts, nach Unterwerfung der Alamannen und der Thüringer. Aber schon König Theoderich I. erinnerte seine Franken, als er sie gegen die Thüringer führte, an den Mord ihrer Väter[2]): „Indignamini, quaeso, tam meam iniuriam quam interitum parentum vestrorum, ac recolite Thoringos quondam super parentes nostros violenter advenisse ac multa illis intulisse mala, qui datis obsidibus pacem cum his inire voluerunt: sed illi obsides ipsos diversis mortibus peremerunt, et inruentes super parentes nostros omnem substantiam abstulerunt, pueros per nervum femoris ad arbores appendentes, puellas amplius ducentas crudeli nece interfecerunt". Einen solchen Krieg können die Thüringer weder mit den Saliern in Belgien, noch mit den Ribuariern geführt haben, es kann nur ein Krieg unter Nachbarn gewesen sein, wie der von Tacitus (Annal. XIII, 57) erwähnte Krieg

---

[1]) Vgl. Annal. Nazar. ad a. 786 (Mon. Germ. Script. I, 41): „transmisit iam prefatus rex (sc. Carolus) legatum suum ad aliquem de illis Thuringhis propter filiam suam, sponsam scilicet unius Franci, quam secundum legem Francorum sponsatam habuisse cognoscebatur, ut tempore statuto ei reddedisset sponsam suam". Der Thüringer weigert die Trauung seiner Tochter und erregt einen Aufstand seiner Landsleute. — [2]) Gregor, Hist. Franc. III, c. 7.

der Hermunduren und Chatten um die Salzquellen an der Werra oder der fränkischen Saale. Aus den Worten des Theoderich ergibt sich, dass der fragliche Krieg lange vor seiner Zeit stattgefunden hatte; vielleicht war er die Ursache gewesen, dass Chlodovech im zehnten Jahre seiner Regierung (490) einen Zug gegen die Thüringer unternahm und dieselben tributpflichtig machte [1]). Die notwendige Consequenz dieser Nachricht, dass das Reich Chlodovechs schon sechs Jahre vor der Alamannenschlacht und lange vor dem Erwerbe des Ribuarierreiches mit dem Reiche der Thüringer grenzte, hat man dadurch zu beseitigen gesucht, dass man jenen Zug Chlodovechs in vollkommener Kritiklosigkeit auf die fabelhafte linksrheinische Thoringia Gregors und Prokops deutete, die, wenn sie überhaupt jemals existiert haben sollte, von Gregor selbst als altsalisches Land bezeichnet wird, von dem aus Chlogio seinen Eroberungszug begonnen habe [2]). Wie Chlodovechs Zug gegen die Thüringer i. J. 490, so kann auch seine Verwicklung mit den Alamannen i. J. 496 nur von den Chatten und chattischen Kolonien an der Mosel ausgegangen sein [3]). Dass die letzteren schon Childerich I. unterthan waren, ergibt sich aus der Erzählung Gregors von dem „terror Francorum", der sich i. J. 480 der Burgunder bemächtigt und den Bischof Aprunculus von Langres in den Verdacht landesverräterischer Verbindungen mit den Franken gebracht hatte [4]); denn dieser terror Francorum kann, da das Land zwischen Somme und Loire damals noch römisch war, nur von einem Vordringen der Moselfranken verstanden werden. Schon gegen Ende des dritten Jahrhunderts hatte Kaiser Maximian eine fränkische Kolonie in dem Lande der Treverer zugestanden [5]), die Notitia dignitatum zeigt aber, dass gegen 400 noch ganz Obergermanien mit Trier, Coblenz, Andernach unter römischer Herschaft stand (s. S. 17). In der ersten Hälfte des fünften

---

[1]) Gregor, Hist. Franc. II, c. 27. Gesta reg. Franc. c. 10. Herkunft d. Fr. 39. — [2]) Vgl. Herkunft d. Fr. 38 ff. — [3]) Bei der Rückkehr von der Alamannenschlacht hielt Chlodovech sich in der Stadt Toul auf. Dieselbe gehörte eben schon damals zu seinem Reiche. Aimoinus, de gestis Francorum I c. 16 (Bouquet III, 39). — [4]) Vgl. Herk. d. Fr. 34. v. Sybel, Entstehung d. deutsch. Königthums 181 f. Siehe auch Waitz, Deutsche Verf.-Gesch. II. 2. Aufl. S. 63 f. — [5]) Siehe S. 10, Anm. 2.

Jahrhunderts wurde Trier viermal von den Franken erobert, aber ebenso oft von den Römern unter Aëtius zurückgewonnen [1]). Dann erschienen dieselben Franken, während die Salier und Ribuarier auf der Seite der Römer kämpften (S. 9. 17), abermals unter den Heerscharen des Attila [2]). Nach der Niederlage des letzteren i. J. 451 scheint es dem Aëtius noch einmal gelungen zu sein, das Land von ihnen zu säubern, aber unmittelbar nach seiner und Valentinians III. Ermordung (455) brachen sie abermals ein, während gleichzeitig andere Teile Galliens von Sachsen und Alamannen verheert wurden. Apollinaris Sidonius berichtet hierüber in seinem dem Avitus gewidmeten Panegyricus (Carmen IV.) v. 369 ff.:

> Quin et Aremoricus piratam Saxona tractus
> Sperabat, cui pelle salum sulcare Britannum
> Ludus et assuto glaucum mare findere lembo.
> Francus Germanum primum Belgamque secundum
> Sternebat, Rhenumque, ferox Alamanne, bibebas
> Romanis ripis et utroque superbus in agro
> Vel civis vel victor eras.

Dem Unheil zu wehren, wird Avitus zum magister militum ernannt, dann heisst es v. 388 ff.:

> Vix primum ingesti pondus suscepit honoris,
> Legas, qui veniam poscant, Alamanne, furoris,
> Saxonis incursus cessat Chattumque palustri
> Alligat Albis aqua.

Hier ist mit einer Deutlichkeit, die nichts zu wünschen übrig lässt, dasselbe Volk einmal als „Francus" sodann als „Chattus" bezeichnet, es waren die chattischen Franken, die, moselaufwärts vorgedrungen, 455 noch einmal von dem magister militum Avitus zurückgeschlagen wurden, unmittelbar darauf aber unter dem Kaiser Avitus (455—56) Trier abermals in

---

[1]) Vgl. Herkunft d. Fr. 64. Gregor, Hist. Franc. II, c. 9. Cassiodor, Chronicon, z. J. 427. — [2]) Apollinar. Sidon. (Ausg. von Baret, Paris 1879), Panegyr. Avito Augusto dict. (Carmen IV.) v. 319 ff. nennt die Völker, aus denen das Heer des Attila bestand, darunter auch die Bructerer und die „von dem Neckar bespülten" Franken. Er begeht dabei denselben geographischen Verstoss wie v. 390 f., wo er die Sitze der Chatten an die Elbe verlegt.

Besitz nahmen ¹) und von da allmählich weiter vorrückend
den „terror Francorum" bei den Burgundern erregten ²). Die
Beziehungen der Moselfranken zu den Saliern des Childerich
erkennt man aus der combinierten Bewegung, von der Apollinaris Sidonius berichtet: der Einfall der Franken v. J. 455
erfolgte gleichzeitig in Germania I., also von der Mosel her,
und in Belgica II., d. h. von der Schelde und Somme aus,
dort standen die Chatten, hier die Salier des Childerich, wie
ungefähr siebzig Jahre früher die Chatten des Frankenherzogs
Markomer und ihre ribuarischen Bundesgenossen den stammverwandten Saliern im Kohlenwalde die Hand zu reichen gesucht hatten ³).

Bestätigt werden die fränkischen Kolonien der Chatten
durch die Kosmographie des Geographen von Ravenna ⁴). Mag
diese Kompilation auch erst in der späteren Merovingerzeit
entstanden sein und der angebliche gothische Philosoph Aithanarit oder Anarid wirklich existiert haben oder in das Reich
der Fabeln gehören ⁵), jedenfalls gibt die dem letzteren zugeschriebene Vorlage ein Bild der deutschen Verhältnisse, wie
sie nur in der zweiten Hälfte des fünften und höchstens noch
im ersten Drittel des sechsten Jahrhunderts bestanden: noch
grenzen die Alamannen mit den Thüringern ⁶) und halten im
Norden Worms, Altrip, Speier, Aschaffenburg und Würzburg
besetzt⁷), während das Reich der Thüringer sich in alter Weise
südwärts bis gegen die Donau erstreckt ⁸), die Baiern also

---

¹) Fredegar, Hist. Franc. epitomata c. 7 (Bouquet, Script. rer.
Franc. II, 395). Das Chronicon Moissiacense verwechselt Trier mit
Köln. — ²) Es ist möglich, dass Trier noch einmal von Aegidius besetzt worden ist, da die Gesta regum Francorum c. 8 (Bouquet II, 546)
zum Jahre 463 von der Eroberung Kölns und Triers berichten. —
³) Vgl. S. 15. Herkunft d. Fr. 61. — ⁴) Ausgabe v. Pinder und Parthey,
Berlin 1860. — ⁵) Vgl. Mommsen i. d. Berichten üb. d. Verhandl. d.
sächs. Gesellsch. d. Wissensch., philol.-hist. Kl. III, 114 ff. — ⁶) IV, 26
(S. 230): Iterum propinqua ipsius Turringiae ascribitur patria Suavorum,
quae et Alamanorum patria confinalis existit Italiae. — ⁷) Ebd. (S. 230 f.
233): In qua patria plurimas fuisse civitates legimus, . . . . . Gormetia,
quae confinalis est cum praenominata Maguntia civitate Francorum,
item civitas Altripe, Sphira, . . . . . . Ascapha, Uburzis. — ⁸) IV, 25
(S. 229): „per quam Turringorum patriam transeunt plurima flumina,
inter cetera quae dicuntur Bac (?) et Reganum, qui in Danubio merguntur". Diese Lage der Dinge stimmt genau mit den Angaben der Vita

den Nordgau noch nicht in Besitz genommen haben¹). Diese Quelle kennt die Franken als unmittelbare Nachbarn der Thüringer²), bezeichnet die Lahn, die Nidda, die Tauber, wahrscheinlich auch den Main, weiterhin endlich die Mosel als fränkische Flüsse³) und nennt unter den „civitates Francorum patriae" auch „Maguntia, Bingum, Bodorecas (Boppard), Bosalvia, Confluentes, Anternacha" (IV, 24, S. 227) und später „Tulla (Toul), Scarbona, Mecusa (Pont à Mousson oder Metz), Gaunia, Treoris (Trier), Nobia (Noviomagus, Neumagen), Princastellum (Berncastel), Cardena, Conbulantia" (IV, 26, S. 234 f.).

Endlich dürfte für die Gleichstellung der Chatten mit den salischen Franken auch nicht unbedeutend ins Gewicht fallen, was uns von ihrer übereinstimmenden Haartracht berichtet wird. Im Gegensatze zu den Sueben, die das Haar lang und nach rückwärts gekämmt trugen und es häufig auf dem Scheitel in einen Knoten schlugen⁴), kürzten die Chatten Haare und Bart, und nur die Knaben giengen in langen Haaren, bis ihre erste Waffenthat vor dem Feinde ihnen das Recht gab, den „squalor" abzuthun⁵). Das Scheren der Haare war das äussere Zeichen dafür, dass der junge Mann nunmehr in die Reihe der erprobten Krieger eingetreten war. Eine Ausnahme bestand nur für die den Chatten eigentümliche Volkswehr, die alle friedlichen Geschäfte abgeschworen und ihr ganzes Leben dem Kriegsgotte geweiht hatte; diese trug als Wahrzeichen ihres Gelübdes, wie das vorübergehend auch bei anderen

---

Severini (Mon. Germ., Auct. antiqu. I, 2. S. 19 ff. 23), nach welcher sich in der 2. Hälfte des fünften Jahrhunderts Alamannen und Thüringer in der Gegend von Passau berührten. Die Thüringer eroberten die Stadt (c. 27) und bedrohten selbst Lauriacum bei Enns (c. 31). — ¹) Die Einwanderung der Baiern erfolgte zu Ende des fünften oder Anfang des sechsten Jahrhunderts. Vgl. Riezler, Geschichte Baierns, I, 46 f. — ²) IV, 25 (S. 229): Iterum desuper ipsam quomodo ut dicamus ad faciem patriae Francorum Rinensium est patria quae dicitur Turringia, quae antiquitus Germania nuncupatur, quae propinquatur cum patria Saxonum. — ³) IV, 24 (S. 228 f.): In patria Francorum supra dicta sunt, id est Logna, Nida, Dubra, Movit. IV, 26 (S. 233): iuxta praenominatum fluvium Mosela, quae Francia Rinensem nominavimus. — ⁴) Tacitus Germ. c. 38. Martial, Epigr. liber, c. 3, irrtümlich von den zu seiner Zeit nicht mehr bestehenden Sugambern: „Crinibus in nodum torti venere Sicambri". — ⁵) Germ. c. 31.

Stämmen vorkam¹), Haar und Bart zeitlebens ungeschoren. Im Laufe der Zeit ist diese Volkswehr untergegangen, aber das aus dem Heerführertum hervorgegangene Königshaus der Merovinger hat das alte Wahrzeichen bekanntlich für alle seine Mitglieder dauernd festgehalten, während ihre Unterthanen, sobald sie wehrhaft erklärt wurden, das lange Haar des „puer crinitus" abzulegen hatten²). Das erste Scheren der Haare war noch nach einem halben Jahrtausend bei den Saliern wie einst bei den Chatten das Zeichen der Wehrhaftmachung³).

Hiermit dürfte der Beweis für die Zugehörigkeit der Chatten zu den Franken denn doch in einer Weise erbracht sein, wie man bei historischen Thatsachen nur irgend verlangen kann. Das Zeugniss des Tacitus über die chattische Herkunft der Bataven und Cannenefaten (S. 20) ist dazu nicht weiter erforderlich, und wir würden es nicht entbehren, wenn es Müllenhoff gelungen wäre, dasselbe als eine römische Fabel zu erweisen. Dieser Nachweis ist aber nicht entfernt von ihm erbracht worden. Nach ihm haben die Römer in missverständlicher Auslegung des Namens der Chattuarier nicht nur diese, sondern auch ihre nächsten Nachbarn und Stammverwandten, die Bataven und Cannenefaten, für Abkömmlinge der Chatten gehalten und sich so die von Tacitus berichtete „Fabel" willkürlich zurechtgemacht. Aber um für diese Auffassung einen Anhalt zu gewinnen, muss er den Chattuariern

---

¹) Ueber die Sachsen vgl. Gregor, Hist. Franc. V, c. 15, über die Bataven Tacitus, Hist. IV, c. 61. — ²) Vgl. Herkunft d. Fr. 31. Ganz kurz geschoren giengen übrigens nur die Unfreien (vgl. Grimm, Rechtsalterthümer 284), das Haar des freien Franken war im Verhältniss zu dem der Römer immer noch von mässiger Länge. Vgl. Lindenschmitt, Handb. d. deutsch. Altertumskunde I, 309 ff. Panegyric. V. (Constantio dic.) c. 16. Die salische Frau trug langes, von zwei Binden (vitta und abonnis) zusammengehaltenes Haar, vgl. das I. Kapitulare zur L. Sal., c. 11. Wenn Gareis (Correspondenzbl. d. Gesamtvereins d. deutsch. Geschichts- und Altertumsvereine XXVI, 27 ff.) den von ihm sinnreich gedeuteten Haarschmuck aus einem Gräberfunde bei Giessen hiermit in Verbindung bringt, so übersieht er, dass es sich dort um männliche Leichen handelt. Dagegen legt der Fund ein Zeugniss für die suebische Haartracht ab und wird daher auf die Bucinobanten zu beziehen sein. — ³) Vgl. Sohm, Reichs- und Gerichtsverfassung 548 ff. Siehe auch S. 41 f.

Sitze anweisen, die sie zu keiner Zeit innegehabt haben. Da sie während der vier ersten Jahrhunderte von den Bataven durch eine weite Strecke getrennt gewesen und erst zu Ende des vierten Jahrhunderts durch Uebersiedelung in das von den Cugernen verlassene Land ihre Nachbarn geworden sind (S. 3 ff.), so erweist sich Müllenhoffs Annahme von vorn herein als unmöglich: mag der Name der Chattuarier mit dem der Chatten zusammenhängen oder nicht, so kann doch die richtige oder unrichtige Deutung desselben seitens der Römer keinen Einfluss auf ihre Ansichten über die Bataven gehabt haben. Aber selbst in dieser Beziehung scheint uns Müllenhoffs Beweisführung wenigstens nicht zwingend. Wie nachgewiesenermassen Chatthus zu Hassus geworden ist[1]), so hätte nach ihm ein Chatthuarius notwendig durch Assimilation zu Hassuarius werden müssen; da aber der Name der Hattuarier auch später das tt festgehalten hat[2]) und im neunten Jahrhundert einmal die hochdeutsche Form „Hazzoarii" begegnet, während die Angelsachsen „Hetväre" schreiben, so soll sich daraus die Unmöglichkeit ergeben, dass der Name jemals das dem Chattennamen wesentliche tth gehabt habe. Allein zunächst liest gerade die beste Handschrift des Ammianus Marcellinus „Atthuarii" (S. 4, Anm. 1) und dann ist doch auch nicht zu übersehen, dass die Umwandlung des Chattennamens nicht vor 699 nachgewiesen ist[3]), während Sulpicius Alexander (S. 15) gegen 400 und Apollinaris Sidonius (S. 29) sogar noch 455 Chattus schreiben. Die Namensänderung ist demnach erst im sechsten oder siebenten Jahrhundert eingetreten, d. h. genau in derselben Zeit, in welcher die Chatten ihren Uebergang zu der hochdeutschen Mundart vollzogen; so lange ihre Sprache sich auf der altgermanischen Lautstufe bewegte, blieb auch ihr Name unverändert. Da ist es denn doch wohl erlaubt

---

[1]) Vgl. Herkunft d. Fr. 25. Auch Sueton, Vita Caesarum VI, 14 und VIII, 6 schreibt „Catthi". — [2]) Ueber die Formen des Namens vgl. Herkunft d. Fr. 25 f. — [3]) Das älteste Beispiel gehört dem chattischen Kolonisationsgebiete an der Mosel an und betrifft den für 699 bezeugten Ort Chassus, später Hessis, südlich von lothring. Saarburg. Vgl. Arnold, Ansiedelungen S. 203. Förstemann, Altdeutsch. Namenbuch, Ortsnamen. 2. Aufl. S. 761. Die neue Form des Volksnamens selbst ist erst seit dem Anfange des achten Jahrhunderts bezeugt. Vgl. Förstemann, a. a. O. 760.

zu fragen, ob bei den von der hochdeutschen Lautverschiebung nicht ergriffenen Chattuariern notwendig dieselbe Namenswandlung vor sich gehen musste. Auch hat diese Umwandlung eine dem s nahe kommende Aussprache des th zur Voraussetzung, von den Niederfranken aber steht fest, dass sie das th mit einem Anklange an f oder d gesprochen haben[1]). Bei ihnen brauchte daher tth gar nicht zu ss zu werden, eher konnte es in tt übergehen[2]). Dass es dann einem hochdeutschen Schreiber des neunten Jahrhunderts einmal begegnete, den nun mit tt geschriebenen und gesprochenen Namen buchstäblich, aber unrichtig, in Hazzoarii umzusetzen, kann nicht weiter auffallen. Sei dem aber wie ihm wolle: wie wir für unsere Beweisführung die Nachricht von der Herkunft der Bataven entbehren können, so kommt auch darauf nichts an, ob der Name der Chattuarier chattische Ansiedler bedeutet oder nicht, denn dass sie in Wahrheit gleich den Bataven und Cannenefaten eine Chattenkolonie waren, unterliegt bei ihrer seit dem achten Jahrhundert hervortretenden nahen Verwandtschaft mit jenen (S. 14) nicht dem geringsten Zweifel. Waren sie aber aus dem Heimatlande ausgewanderte Chatten, so liegt es nahe, sie in den bei Cassius Dio LIV, 36 erwähnten Chatten wiederzuerkennen, denen die Römer zwangsweise neue Sitze neben den Sugambern angewiesen hatten[3]). Wie Drusus i. J. 10 v. Chr., so hatte vierzehn Jahre später Tiberius eine Empörung dieser Chattenkolonie zu unterdrücken (S. 6). So erklärt sich auch das Schweigen des Tacitus über die Chattuarier, er sah in ihnen eben noch kein eigenes Volk, sie galten ihm als ein Teil der Chatten. Von diesen werden sie auch fortdauernd Zuzüge erhalten haben; so konnten sie, von kleinem Anfange ausgehend, allmählich zu einem mächtigen Volke anwachsen und den Römern wiederholt so gefährlich werden, dass diese sich nur durch eine abermalige Verpflanzung eines

---

[1]) Vgl. Heinzel, Gesch. d. niederfränk. Geschäftssprache S. 41. Kern, Die Glossen i. d. Lex Salica S. 8. — [2]) Beispiele von Anlehnungen in dieser Richtung liegen wenigstens ausreichend vor. Heinzel, a. a. O. 19, führt ein aus tôte then thorna entstandenes Tottenthorra an. Das dem Niederfränkischen nahe verwandte Altfriesische kennt mitta st. mit tha, mitter st. mit ther, ferner thetter thetti thettet thettes thetta st. thet ther, thet thi u. s. w. Vgl. v. Richthofen, Altfries. W.-B. 930 f. 1069. — [3]) Vgl. Usinger, Anfänge der deutsch. Gesch. 138.

Teils des Volkes in den Bereich ihrer Machtsphäre (S. 9 f.) zu helfen wussten. Auch waren es wohl vornehmlich die Chattuarier, durch die der Zusammenhang der Bataven und Cannenefaten und später der Salier mit der chattischen Heimat ständig vermittelt wurde. Es ergibt sich, dass der Stamm der salischen Franken sich weit überwiegend aus chattischen Volkselementen zusammengesetzt hat. Von anderen lassen sich nur die Cugernen nachweisen, doch werden sich in Belgien auch noch Reste der (ingävonischen) Aduatuker vorgefunden haben [1]), auch mögen die Usiper, Tencterer und Tubanten unter den chattischen Franken aufgegangen sein [2]), so dass denselben von dieser Seite istväonische Elemente zugeführt wären. Die Mattiaken scheinen von vorn herein ein chattisches Gauvolk gewesen zu sein, nur gleich den Bataven den Römern unterthan und deshalb von den selbständig gebliebenen Chatten unterschieden [3]). Jedenfalls haben die altgermanischen Völkerfamilien bei der Bildung des Salierstammes nur eine untergeordnete Rolle gespielt, und auch bei den Ribuariern zeigt sich, wohin man kommt, wenn man jener altgermanischen Ethnogonie eine massgebende Bedeutung für die späteren Stammesgruppierungen zuweist: proximi Rheno und darum wohl Istväonen waren nur die Ubier; die Chamaven, Ampsivarier und Brukterer aber konnte man zur Zeit des Plinius wie des Tacitus mit demselben oder mit noch besserem Rechte als proximi Oceano bezeichnen, von dem Rhein waren sie damals jedenfalls weiter als die Chatten entfernt. Immerhin mögen alte herminonische Beziehungen, die auch in der Verwandtschaft des fränkischen Rechts mit dem der Thüringer hervortreten [4]), den chattischen Franken die Umwandlung der thüringischen Bevölkerung der oberen Mainlande in Ostfranken erleichtert haben. Dagegen halte ich es nicht für berechtigt, das spätere

---

[1]) Caesar will dieselben zwar vernichtet haben, es ist aber hinreichend bekannt, wie leicht die Römer es mit derartigen Angaben nahmen. — [2]) Vgl. J. Grimm, Gesch. d. deutsch. Sprache, 2. Aufl. 535 (3. Aufl. 373 f.). — [3]) Man thut Tacitus entschieden Gewalt an, wenn man seine Parallele zwischen Bataven und Mattiaken (Germ. c. 29) nur von den politischen Beziehungen derselben zu den Römern versteht. — [4]) Vgl. Gaupp, Das alte Gesetz der Thüringer 246 ff.

Vordringen des fränkischen Rechts bei Alamannen und Baiern ebenfalls auf alte Verwandtschaftsbeziehungen zurückzuführen. Die von Sohm so glänzend dargelegte Ueberwältigung der verschiedenen deutschen Stammesrechte durch das der Franken beruhte ebenso auf einer reinen Kulturentwickelung wie die Ueberwältigung der deutschen Dialekte durch das von den Alamannen und Baiern ausgegangene Hochdeutsch, aber beide Richtungen beginnen erst in der Zeit nach Abschluss der Stammesbildungen und sind noch gegenwärtig im Fortschreiten begriffen, — mit den ursprünglichen Verwandtschaftsgliederungen des deutschen Volkes stehen sie in keiner oder doch nur sehr untergeordneter Beziehung.

## II.
### Die fränkischen Volksrechte.

A. Die Lex Salica, ihre Ergänzungen und ihr Geltungsgebiet[1]). Als Urheber der Lex Salica wird in den Epilogen, die wenig später als der längere Prolog und noch gegen die Mitte des sechsten Jahrhunderts verfasst sind[2]), den von ihnen geschilderten Ereignissen also noch sehr nahe stehen, der „erste König der Franken", Chlodovech, genannt. Dies wird durch den Inhalt des Gesetzes vollkommen bestätigt. Nach Soetbeers ausgezeichneten Untersuchungen[3]) war die Hauptmünze der Salier bis zum Tode Childerichs I. (481) der schwere römische Silberdenar aus der älteren Kaiserzeit, der in Folge seiner immer zunehmenden Seltenheit den unverhältnissmässig hohen Kurswert von ungefähr $1/12$ Solidus hatte. Dagegen bediente man sich im römischen Gallien überwiegend der Kupferscheidemünze, wobei der überaus geringe Kupferdenar ($1/4000$ Solidus) die Einheit bildete; das Silbergeld hatte geringere Verbreitung, als Münzeinheit galt hier die Silbersiliqua, von der ungefähr

---

[1]) Vgl. Untersuchungen S. 468—492. Ich citiere die Lex Salica und die ergänzenden Kapitularien nach der Ausgabe von Behrend und Boretius, unter ständiger Berücksichtigung der vortrefflichen synoptischen Ausgabe von J. H. Hessels mit den Worterklärungen von Kern (London 1880). — [2]) Vgl. Untersuchungen S. 491 f. Nur der Schlussabsatz des Prologs ist frühestens zu Ende des sechsten Jahrhunderts entstanden. — [3]) Soetbeer, Beiträge zur Geschichte des Geld- und Münzwesens in Deutschland, i. d. Forschungen z. deutsch. Geschichte I, 545—600.

vierzig auf den Solidus giengen. Soetbeer erkennt in dem nach 486 sofort hervorgetretenen Bedürfniss, das Bussenwesen zwischen Franken und Romanen auf einheitlicher Grundlage zu regeln, die vornehmste Veranlassung zur Aufzeichnung des salischen Rechts[1]). Chlodovech beseitigte den altsalischen Silberdenar wie den gallorömischen Kupferdenar und schuf in dem der bisherigen Silbersiliqua gleichwertigen Silberdenar eine neue Scheidemünze. Mit Rücksicht auf diese Neuerung wurden alle Bussenbestimmungen sowohl nach dem alten Goldsolidus als auch nach dem neuen Denar (zu $^1/_{40}$ Sol.) berechnet. Die Entstehung der Lex Salica auf fränkisch-romanischem Boden gewinnt eine weitere Bestätigung durch ihre Bestimmungen über den Weinbau, da dieser im sechsten Jahrhundert die Südgrenze des altsalischen Landes, den Kohlenwald, noch nicht erreicht hatte, während in dem 486 eroberten Reiche des Syagrius und an der Mosel schon im vierten Jahrhundert lebhafter Weinbau betrieben wurde[2]). So ergibt sich, dass die vielbesprochene Bestimmung des 47. Titels, welche das altsalische Land jenseits (d. h. nördlich) des Kohlenwaldes und die westgothischen Gebiete jenseits (d. h. südlich) der Loire als Ausland behandelt[3]), nicht allein steht, sondern dass die ganze Lex Salica erst nach 486 entstanden ist. Da andererseits die Abfassung des Gesetzes vor 496 feststeht[4]) und die Nichtberücksichtigung des Meeres, die an sich bei den „Seefranken" auffallend erscheinen könnte, vermuten lässt, dass die Einverleibung des aremorikanischen Küstengebietes noch nicht erfolgt war[5]), so wird man, zumal bei der hervorgehobenen Dringlichkeit der Regulierung des Busstaxen- und Münzwesens, die Abfassung alsbald nach der Niederwerfung des Syagrius zu setzen haben. Weiter ergibt sich als höchst wahrscheinlich, dass auch Chlodovechs Verbündeter, König Ragnachar von Cambray, an der Gesetzgebung teilgenommen hat; sein Reich lag ebenso gut wie das von Tournay innerhalb der Grenzen des 47. Titels, auch ist anzunehmen, dass

---

[1]) Soetbeer, a. a. O. 589. — [2]) Vgl. meinen Aufsatz über die Ausbreitung des Weinbaues in Gallien, in Picks Monatsschrift z. Gesch. Westdeutschlands VI, 502 ff. — [3]) Untersuchungen S. 468 ff. — [4]) Vgl. ebd. 471 f. — [5]) Vgl. Untersuchungen 475. Löbell, Gregor von Tours und seine Zeit, 2. Aufl. S. 94 ff.

er einen Anteil an dem eroberten Gebiete erhalten hatte.
Die Lex Salica war demnach wohl das Werk mehrerer Könige[1])
und der Prolog in seinem Recht, wenn er Chlodovechs erst
bei der nach 496 aufgenommenen Nachtragsgesetzgebung ge-
dachte, die Gesetzgebung von 486 dagegen als ein Werk des
fränkischen Volkes bezeichnete. Dem geteilten und noch
nicht zu voller Entwickelung gelangten Königtum gegenüber
erschien das versammelte Volk als der eigentliche Träger der
gesetzgebenden Gewalt: „Gens Francorum . . . . . . dictaverunt
Salica lege". Eine vollständige Stammesversammlung in
dem von Sohm entwickelten Sinne[2]) war das freilich noch
nicht, denn die Bevölkerung der altsalischen Lande nördlich
des Kohlenwaldes hat offenbar nicht mitgewirkt, auch die
wahrscheinlich dem König Chararich unterworfene Küsten-
bevölkerung nördlich der Somme wird nicht teilgenommen
haben, vielmehr ist anzunehmen, dass die gegen Syagrius verbündeten Könige ihren vereinigten Heeren die Sache zur Be-
schlussfassung vorgelegt haben[3]). Ueber die neuen Bestimmungen, die in das Gesetz aufgenommen werden sollten, muss
man sich sofort verständigt haben[4]); im übrigen beschränkte
sich die Heeresversammlung darauf, eine aus der Mitte der
Richter (Thunginen) erwählte Viererkommission mit der Redaktion zu betrauen, und die Mitwirkung des Volkes trat dann
weiterhin nur darin hervor, dass der Gesetzentwurf an drei
wohl über die verschiedenen Gebiete der verbündeten Reiche
verteilten Malstätten vorgetragen und durch die Zustimmung
der versammelten Gerichtsgemeinde zum Weistum (iudicium)
erhoben wurde[5]).

---

[1]) Vgl. Untersuchungen S. 474. Ausser Chlodovech und Ragnachar
mögen auch die Brüder des letzteren teilgenommen haben. — [2]) Sohm,
Die fränkische Reichs- und Gerichtsverfassung S. 53 ff. — [3]) Also das
alte Landesthing (concilium) des Tacitus, nur dadurch unterschieden,
dass hier mit den Landesversammlungen mehrerer Teilstaaten zu ver-
handeln war. — [4]) Dahin gehört vornehmlich die neue Münzordnung
und die Festsetzung der Busstaxen für die Römer. Siehe auch Tit. 46, 1:
„Hoc convenit observare" und 53, 1: „forsitan convenit". Vgl. S. 39,
Anm. 1. — [5]) Vgl. Sohm, a. a. O. 52 f. Selbstverständlich verhandelte
man in deutscher Sprache, bei der Niederschrift aber, für die das
Deutsche noch zu ungelenk war, bediente man sich des Lateinischen
und liess nur einzelne deutsche Ausdrücke und Glossen stehen.

Geraume Zeit nachher, wie der eine Epilog sagt (statt „postmodo autem tempus" ist „post multum autem tempus" zu lesen), jedenfalls erst nach seinem Uebertritt zum Christentum, wie der längere Prolog berichtet, veranstalte Chlodovech eine Revision der Lex Salica, bei welcher der Gesetzestext aber keiner Ueberarbeitung unterzogen wurde, sondern so gut wie unberührt blieb[1]) und nur eine Reihe von Nachtragsbestimmungen erhielt. Wir erkennen dieselben in dem ersten fränkischen Kapitulare, dem sich wahrscheinlich das dritte anreiht, wieder[2]). Das zweite Kapitulare ist jünger als das erste, aber älter als die Gesetzgebung Chilperichs[3]) und älter als die Formeln von Angers und von Tours[4]), es fällt demnach in die Zeit der Söhne Chlodovechs und ist wohl der von dem längeren Prolog und den Epilogen hervorgehobenen gesetz-

---

[1]) Vgl. Boretius, Beiträge z. Capitularienkritik S. 18. So blieb auch der heidnische Opfereber (Tit. 2, 12, 13) und der Thunginus, als der vom Volke erwählte Richter der Hundertschaft (Tit. 44, 1. 46, 1, 2. 50, 2. 60, 1), während schon das erste Kapitulare nur den vom König eingesetzten Gaurichter, den Grafen, kennt (vgl. Sohm, a. a. O. 150 f.) und auch der längere Prolog von den „proceres ipsius gentis qui tunc tempore eiusdem aderant rectores" offenbar nur eine sehr unbestimmte Vorstellung hat. In den Text eingeschobene Zusätze möchte ich vermuten Tit. 2, 6, Tit. 4, 3 (Qui numerus usque ad 40 berbices convenit observare), Tit. 8, 2, Tit. 14, 2, Tit. 27, 10 und Tit. 33, 1 (Quae lex de venationibus et piscationibus observare convenit), doch bleibt nicht ausgeschlossen, dass dieselben zum Teil schon der ersten Redaktion angehört haben mögen. Im übrigen kamen die handschriftlichen Abänderungen jetzt und später ausschliesslich auf Rechnung der Abschreiber. — [2]) Nach einer Notiz des kürzeren Prologs des Cod. Vossianus beginnen die Zusätze zu der Lex Salica mit den Worten „do micio fristatio", also mit Tit. 1 des I. Kapitulares. Nach den Epilogen erstreckte sich die ergänzende Gesetzgebung Chlodovechs von dem Schlusse der Lex Salica bis zum Ende des Tit. 77; dies stimmt genau zu der Titelzählung des Cod. I, in welchem die 12 Titel des I. Kapitulares als Tit. 66—76, die 3 Titel des III. Kapitulares als Tit. 77 erscheinen. Wenn der Epilog der Wolfenbüttler HS. dem Chlodovech 15 Zusatztitel zuschreibt, während der zweite Epilog nur von 3 Titeln spricht, so hatte jener das I. und das III. Kapitulare im Auge, der zweite Epilog nur das letztere. — [3]) Vgl. Untersuchungen S. 492 Anm. 1. — [4]) Die beschränkte Anwendung des Zwölfereides im II. Kapitulare c. 4 ist diesen Formeln nicht mehr bekannt. Siehe Form. Rozière Nr. 491, 493. Ueber das Alter der Formeln von Tours (Form. Sirmond.) vgl. Ehrenberg, Commendation und Huldigung S. 138 f.

geberischen Thätigkeit Childeberts I. und Chlothars I. zuzuschreiben, der wir insbesondere das vierte Kapitulare, d. h. das vielbesprochene Landfriedensgesetz (Pactus pro tenore pacis domnorum Childeberti et Chlotharii regum) verdanken[1]). Einige Bestimmungen dieses Gesetzes erfolgten im Wege eines gemeinschaftlichen Erlasses, im übrigen begnügten sich die beiden königlichen Brüder mit der Veröffentlichung gesonderter, aber inhaltlich übereinstimmender Verordnungen[2]). Da es sich nicht um eine eigentliche Fortbildung des Volksrechts, sondern um Dinge handelte, welche dem königlichen Amtsrecht unterlagen[3]), so bedurfte es keiner Zuziehung der Volksgenossen, jeder begnügte sich, die Sache mit den Grossen seines Reiches („cum regnum suum") zu beraten, von einer vereinigten Landesversammlung beider Reiche, wie bei der Abfassung der Lex Salica, war hier keine Rede. Die Gesetzgebung Childeberts I. und Chlothars I. fällt zwischen 511 und 558 (Todesjahr des ersteren), wahrscheinlich bald nach der gewaltsamen Aneignung des Reiches ihres verstorbenen Bruders Chlodomir im Jahre 524. Das fünfte Kapitulare, das Edikt Chilperichs, war den Verfassern der Prologe und Epiloge noch unbekannt; es ist ein Capitulare legi addendum mit feierlicher Zustimmung der Volksgenossen und fällt in die Zeit nach 575, vielleicht um 580[4]). Dem Chilperich mag auch das handschriftlich mit dem Edikt verbundene sechste Kapitulare angehören[5]). Sonstige Ergänzungen der Lex Salica aus der Merovingerzeit besitzen wir bekanntlich nicht. Aus der Karolingerzeit gehören, abgesehen von den allgemeinen Capitula legibus addenda, die für sämtliche Volksrechte innerhalb des fränkischen Reiches bestimmt waren[6]), nur die 818 oder 819 abgefassten „Capitula legis Salicae" hierher[7]).

Das Geltungsgebiet der Lex Salica zur Zeit ihrer Abfassung war nur ein beschränktes, es umfasste weder die altsalischen Lande nördlich des Kohlenwaldes, noch das atlan-

---

[1]) Untersuchungen S. 478 ff. — [2]) Vgl. Boretius b. Behrend, Lex Salica S. 99 ff. — [3]) Vgl. Boretius, Beiträge zur Capitularienkritik S. 23 f. — [4]) Vgl. Untersuchungen S. 482, 491. — [5]) Vgl. Boretius b. Behrend, a. a. O. 110. — [6]) Vgl. Boretius, Beiträge 36 ff. 40 ff. — [7]) Vgl. ebd. 31 ff. Abgedruckt als siebentes Kapitulare bei Behrend, a. a. O. 113 ff.

tische Küstengebiet, wohl aber die Reiche von Tournay und Cambray, die Eroberung von 486 und jedenfalls auch die Mosellande; ob schon damals die weiter zurück gelegenen chattischen Gebiete, muss dahingestellt bleiben. Mit der Herstellung der Reichseinheit durch Chlodovech wurde die Lex Salica selbstverständlich, ohne dass es einer neuen Publikation bedurfte, Volksrecht des ganzen Stammes. Dasselbe ist von den Ergänzungen der Lex Salica durch Chlodovech und Chlothar I. anzunehmen, während sich von Chilperichs Edikt beweisen lässt, dass es ausserhalb seines Reiches keine Geltung gehabt hat[1]).

Um die räumliche Ausbreitung des salischen Rechts im einzelnen festzustellen, dient uns neben positiven Quellenzeugnissen besonders die Verschiedenheit der Mündigkeitstermine als Kriterium. Während das ribuarische Recht und das auf ihm beruhende Hausrecht der Karolinger in Uebereinstimmung mit dem friesischen Recht die Mündigkeit mit fünfzehn Jahren eintreten liess[2]), begnügten sich das sächsische, das altlangobardische und das salische Recht mit dem vollendeten zwölften Lebensjahre[3]). In der Regel wurden dem salischen Knaben mit zwölf Jahren auch zum ersten Male die Haare geschoren, doch konnte dieser Emanzipationsakt, der in altchattischer Weise den Eintritt der politischen Mündigkeit an-

---

[1]) Vgl. Untersuchungen S. 483, Anm. 3. — [2]) Vgl. Ausbreitung d. sal. Franken 141 f. Untersuchungen 502 Anm. 1. H. Schulze, i. d. Zeitschr. f. Rechtsgeschichte VII, 391. 402. Karl der Kahle war 823 geboren und erhielt 838 von seinem Vater „arma et coronam" (Nithard, Histor. I, 3, 6). Karl der Einfältige beklagte sich 893, dass er noch unter Vormundschaft gehalten werde: „iam enim quindennis de regni amissione apud amicos et domesticos gravissime conquerebatur regnumque paternum repetere multo conatu moliebatur"; er setzte seinen Willen durch: „collecti Remis in basilica s. Remigii Karolum quindennem regem creant". (Richer, Histor. I, 12, Mon. Germ. Scr. III, 573). —
[3]) Ausbreitung d. sal. Fr. 141 f. Auch L. Sal. Tit. 24 § 1 ist nicht mit Cod. I „infra X annos usque ad decimum plenum", sondern mit den übrigen Handschriften „infra XII annos usque ad XII. plenum" zu lesen. Vgl. Ludwigs des Frommen Capitula legis Salicae v. 819 (VII. Kapitulare) c. 5: „si infans intra duodecim annos res alterius iniuste sibi usurpaverit" und: „de hereditate vero paterna vel materna si aliquis eum interpellare voluerit, usque ad spatium duodecim annorum expectare iudicatum est".

deutete, je nach den individuellen Verhältnissen auch weiter hinausgeschoben werden [1]). Mehr und mehr machte sich bei den verschiedenen germanischen Stämmen die Neigung geltend, den Mündigkeitstermin überhaupt weiter hinauszuschieben [2]), auch die Salier haben dem nicht ganz widerstanden und sind in Westfranken schon früh zur Annahme des ribuarischen Termins gelangt [3]); da die Tendenz aber überall nur auf Verlängerung und niemals auf Verkürzung des Termins hinausgieng [4]), so gewährt der Termin von zwölf Jahren innerhalb des fränkischen Gebietes ein zuverlässiges Zeugniss für die Fortdauer des salischen Rechts [5]).

---

[1]) L. Sal. 24, 1, 2 setzt das dreifache Wergeld sowohl für den „puer infra XII annos" (s. die vorige Anmerkung) als auch für den „puer crinitus" fest, es muss also auch pueri criniti gegeben haben, die über 12 Jahre alt waren. Die lex emendata Tit. 26, 1 fasst zusammen: „puerum infra XII annos, sive crinitum, sive incrinitum". Vgl. oben S. 32. — [2]) Die Langobarden giengen unter Liutprand von 12 zu 18 Jahren über (Ausbreitung d. sal. Fr. 142), der altnorwegische und isländische Termin von 12 Jahren weicht seit dem zehnten Jahrhundert dem von 15 und 16 Jahren (K. Maurer i. d. Zeitschr. f. deutsch. Philol. II, 443), auch im baierisch-österreichischen und im alamannischen Recht fehlt es nicht an Spuren einer entsprechenden Entwickelung (Ausbreitung d. Fr. 143 Anm. 2). — [3]) Vgl. Herkunft d. Fr. 48. Dass man in der Karolingerzeit auch in Westfranken noch den altsalischen Termin festhielt, geht aus der lex emendata (Anm. 1) und aus den Capitula legis Salicae v. 819 c. 5 (S. 41, Anm. 3) mit Sicherheit hervor. Erst das karolingische Hausrecht, das von dem neuen Herscherhause auch in Westfranken festgehalten wurde (s. S. 41, Anm. 2), mag hier den Anstoss zu einer allgemeinen Verlegung des Alterstermins gegeben haben. Der Vorgang mit Childebert II. (Waitz, Verf.-Gesch. II. 2. Aufl. S. 129) beweist nur, was wir oben schon bemerkt haben, dass die politische Mündigkeit unter Umständen weiter hinausgeschoben werden konnte. Hätten die Merovinger damals gewohnheitsrechtlich schon in ihrem Hausrecht den Termin von 15 Jahren gehabt, so wäre nicht abzusehen, was Ludwig d. Frommen veranlasst haben sollte, gerade den ribuarischen Termin als das Recht seines Hauses zu bezeichnen (H. Schulze i. d. Zeitchr. f. Rechtsgesch. VII, 391). — [4]) Mir ist nur éin Beispiel einer Verkürzung (von 18 auf 14 Jahre) bekannt, aber da handelte es sich um die Abkürzung der Lehnsvormundschaft. Gesetz Konrads IV. v. 1252 für Sicilien (Forsch. z. deutsch. Gesch. VI, 635. 640). — [5]) Dies hat Sohm übersehen, wenn er (Fränk. Recht u. röm. Recht S. 4, Anm. 1) der Verschiedenheit der Mündigkeitstermine für die Abgrenzung der beiden fränkischen Rechte gegen einander kein besonderes Gewicht

Im einzelnen lässt sich die Ausbreitung des salischen Rechts für die folgenden Gebiete feststellen. I. **Altsalisches Land**. a) **Batua**: auf der batavischen Insel 855 und 896 Anwendung der „lex Salica", d. h. des salischen Gewohnheitsrechts, bei Auflassung von Grundstücken und bei Freilassung von Leibeigenen einer Kirche, zwischen Maas und Waal 1250 salischer Mündigkeitstermin[1]. Reste salischen Rechts in dem friesischen, ehemals cannenefatischen Maasgau: neuntes Jahrhundert dilatura (wirdira) bei Diebstahlsklage, 1387 salischer Mündigkeitstermin in Montfort[2]. b) **Hattuaria**: die Verwandtschaft der Chattuarier mit den Bataven (S. 13 f. 34) bezeugt, auch ohne positive Quellenaussprüche, dass ihr niemals zu Ribuarien gerechneter Gau dem Geltungsgebiete des salischen Rechts angehört hat. c) **Fränkischer Maasgau**: 1136 Hofgerichtsurteil über die Grafen von Cuyk „in terra ipsorum, scilicet Salica"[3]. d) **Texandria**: 1222 salischer Mündigkeitstermin für die Vasallen des Herzogs von Brabant[4]. e) **Hasbania**: 1155 Auflassung in der Grafschaft Looz, „observata legis Salicae omni cautela"; 1138 Hofgerichtsurteil wegen des Dorfes Tourinne bei Lüttich „iudicio principum et maxime Salicorum"[5]. II. **Chattische Lande**. a) **Ostfranken**: die Deutschen in der Diöcese Würzburg (im Gegensatze zu den Slaven) leben um 900 „pacto et lege Salica", nach dem geschriebenen und ungeschriebenen salischen Recht[6]; salischer Mündigkeitstermin 1523 in der Cent Mellrichstadt (Grapfeld) und 1469 in Weistümern des Saalgaues[7]. b) **Hessen, Lahngau, Wetterau**: salischer Mündigkeitstermin während des ganzen Mittelalters in dem Hausrecht der Landgrafen von Hessen und der Grafen von Nassau, 1262 in der Stadt Friedberg, 1283 bei den Edeln von Dalheim, ferner im kleinen Kaiserrecht und in der Frankenkolonie Mühlhausen

---

beilegen will. Allerdings sprechen fränkische Zeugnisse mit dem Termin von 15 Jahren nicht notwendig für das ribuarische, wohl aber solche mit dem Termin von 12 Jahren unbedingt für das salische und gegen das ribuarische Recht. — [1] Herkunft d. Fr. 48 f. Untersuchungen 496. — [2] Vgl. Untersuchungen 500 ff. — [3] Herkunft d. Fr. 49. — [4] Ebd. 48. — [5] Ebd. 47 f. — [6] Ausbreitung d. sal. Fr. 140. — [7] Ebd. 142. Die Fürsten von Hohenlohe hatten in ihrem Hausrecht den schwäbischen Termin von 14 Jahren. Wirtemb. Urk.-B. III, S. 274 (v. J. 1230): quamdiu fuerit vormunt puerorum videlicet infra XIV annos.

in Thüringen¹); ausserdem völlige Uebereinstimmung mit der salischen Agrarverfassung. c) Mosellande²): neuntes Jahrhundert Anfertigung einer deutschen Uebersetzung der Lex Salica für Trier, zehntes Jahrhundert salisches Recht der Ardennergrafen und Grafen von Verdun³) sowie der Vasallen des Raginbald im Salingau, um 1050 salisches Gewohnheitsrecht zu Verdun⁴), 1192 salisches Recht des Adels der Grafschaft Luxemburg; das Hauptgewicht lege ich auf die in dem III. Abschnitt zu erörternde Uebereinstimmung der hessischen und mosselländischen mit der salischen Agrarverfassung.

Für die fortdauernde Geltung des salischen Rechts in Nordfrankreich, also der ursprünglichen Heimat der Lex Salica, der merovingischen Ergänzungsgesetze und der zahlreichen salischen Formelsammlungen, bedarf es keines Beweises mehr. Es ist bekannt, dass sich das salische Recht hier nicht nur als Stammesrecht neben dem römischen behauptet hat, sondern durch die Verdrängung des letzteren einfach zum Territorialrecht in dem Lande des droit coutumier geworden ist⁵). Nur eine Urkunde v. 987 aus dem Cartulaire de l'abbée de St. Père de Chartres (I, S. 88) mag hier angeführt werden, in welcher Frau Eldegardis, Witwe des Waleran, mit Zustimmung ihres Sohnes, des Grafen Walter, erklärt: „cedo ad locum St. Petri Carnotensis alodium iuris mei, quem senior meus supra nominatus secundum legem Salicam et secundum consuetudinem, qua viri proprias uxores dotant, michi in proprium concessit." Hier ergibt sich deutlich, dass das salische Wittum bereits dem Landesgewohnheitsrecht angehörte⁶).

---

¹) Ausbreitung S. 142. — ²) Vgl. oben S. 25. Ausbreitung S. 167 f. — ³) Die Markgräfin Mathilde von Toscana erklärte 1079: ex natione mea legem vivere videor Lantgobardorum, sed nunc modo pro parte... Gottifredi, qui fuit viro meo, legem vivere videor Saligam. v. Savigny, Gesch. d. röm. Rechts i. Mittelalter I², 146 f. Ihr Gemahl entstammte bekanntlich dem Geschlechte der Grafen von Verdun aus dem berühmten Hause der sogen. Ardennergrafen. — ⁴) Ueber den Aufstand der Bürger von Verdun gegen Chlodovech, aus dem man auf die Zugehörigkeit der Stadt zu Ribuarien hat schliessen wollen, vgl. v. Sybel, Entstehung des Königtums S. 184, Anm. 1. — ⁵) Vgl. Sohm, Fränkisches u. römisches Recht S. 70 f. Savigny, Gesch. d. röm. Rechts im Mittelalter I², 176 ff. Gaupp, Die german. Ansiedlungen u. Landteilungen S. 218 f. — ⁶) An dieser Stelle mag an eine äusserst wertvolle, viel zu

B. **Das Geltungsgebiet der Lex Ribuaria.** Ueber die Entstehung der Lex Ribuaria sind wir durch Sohms ausgezeichnete Untersuchung[1]) derartig unterrichtet, dass die Forschung kaum noch etwas hinzuzufügen hat[2]). Nur hinsichtlich des Geltungsgebietes bedarf es noch weiterer Feststellungen. Das Gesetz selbst bezeichnet seinen Bereich als

---

wenig beachtete Prozessgeschichte aus der Zeit Ludwigs des Frommen erinnert werden. Dieselbe steht in den Miracula s. Benedicti des Adrevald c. 25 (Mabillon, Acta Sanctorum II, 381) und wurde, so viel ich weiss, bisher nur von Sohm und auch von diesem (Zeitschr. f. Kirchenrecht IX, 206. Fränkische Reichs- u. Gerichtsverfassung S. 501, Anm. 81) nur unvollständig berücksichtigt. Zwischen den Stiftsvögten von St. Fleury (unter Abt Boso) und St. Denys war ein Streit um Leibeigene ausgebrochen. „Colliguntur ab utriusque partibus plurimi legum magistri et iudices, qui pro partibus decertarent. praeterea aderant in eodem placito missi a latere regis Jonas episcopus Aurelianensis et Donatus comes Milidunensium. sed cum litem in eo placito finire nequirent, eo quod Salicae legis iudices ecclesiasticas res sub Romana constitutas lege decernere perfecte non possent, visum est missis dominicis placitum Aurelianis mutare. venientes itaque ad condictum locum magistri et iudices, utraque ex parte acerrime decertabant. aderant namque legum doctores tam ex Aurelianensi quam ex Wastinensi provincia. enimvero longiuscule litem iudicibus protrahentibus, eo quod nec hi cedere illis nec illi assensum aliis praebere vellent, tandem adiudicatum est, ut ab utraque parte testes exirent, qui post sacramenti fidem scutis ac baculis decertantes finem controversiae imponerent. sed cum id iustum rectumque visum fuisset omnibus, quidam Wastinensis regionis legis doctor . . . . . . iudicium protulit, non esse rectum, ut bello propter res ecclesiasticas testes decernerent, immo magis inter se mancipia advocati partirentur. cuius sententiae Genesius vicecomes favens rectius dixit esse mancipia dividi quam testes bello decernere; in eamque sententiam concilium omne deflexit." Man sieht, theoretisch wird der Kirche noch das römische Recht zugestanden, aber im ersten Termin ist das missalische Gericht nur von Kennern des salischen Rechts besetzt, und auch in der zweiten Verhandlung zu Orleans bildet salisches, nicht römisches Recht die Grundlage des Beweisurteils. Der Vicecomes Genesius erscheint übrigens nicht, wie Sohm annimmt, in der Eigenschaft als Richter, sondern als einer der Urteiler. — [1]) Sohm, Ueber die Entstehung der Lex Ribuaria, Zeitschr. f. Rechtsgesch. V, 380 ff. — [2]) Wenn Soetbeer, a. a. O. 560 ff. Tit. 36, 12 nicht auf die neue Münzordnung Pippins, sondern auf den oben (S. 36) erwähnten schweren römischen Denar zu 1/12 Sol. bezieht und der Stelle aus diesem Grunde ein weit höheres Alter zuschreibt, so halten wir mit der herschenden Meinung an dem einheitlichen Charakter des Tit. 36 fest und setzen ihn mit Sohm (a. a. O. 455 ff.) gegen das Ende des achten Jahrhunderts.

das Herzogtum (ducatus, provincia, pagus) Ribuarien[1]), wir wissen aber, dass es in dem unten zu besprechenden Herzogtum Hamaland ebenfalls in Geltung stand, wenn auch nur subsidiär hinter dem dortigen, seit 802 in der Lex Chamavorum niedergelegten Partikularrecht[2]). Die Grenzen des Herzogtums Ribuarien ergeben sich vornehmlich aus den Reichsteilungsverträgen der Jahre 830, 837, 839 und 870, deren Andeutungen durch zahlreiche Notizen aus Urkunden und Historikern unterstützt, beziehentlich ergänzt werden[3]). Hiernach fiel das linksrheinische Ribuarien im wesentlichen mit dem alten Ubierlande zusammen. Die alte Scheide zwischen Germania I. und Germania II., zwischen dem Lande der Trevirer und dem der Ubier, deckte sich fast genau mit der Köln-Trierer Diözesangrenze, welche zugleich den chattisch-salischen ducatus Mosellanus (mit den Grenzgauen pagus Wabrensis, Bietgau, Mein- oder Maifeld) von dem Ribuarierlande trennte[4]). Ebenso war die alte Nordgrenze der Ubier gegen die Cugernen, die in der Gegend von Crefeld vom Rhein zur Maas gieng, auch Nordgrenze der Ribuarier gegen den salischen Hattuariergau geblieben. Im Westen bildete die Maas bis Lüttich, sodann die Urta (Ourthe) die Grenze gegen das salische Land; die von diesen Flüssen durchschnittenen Gaue (Ardennengau und fränkischer Maasgau) hatten wohl gemischte Bevölkerung, bei welcher rechts die Ribuarier, links die Salier überwogen. Das eigentliche Herzogtum Ribuarien umfasste auf dem linken Rheinufer nur fünf Gaue (Eifelgau mit Zülpichgau, Bonngau mit Ahrgau, Kölngau, Jülichgau,

---

[1]) L. Rib. 30, 2. 31, 3, 5. 33, 1. — [2]) Vgl. Untersuchungen S. 496. Auch die Reichsteilung v. 830 rechnete das Hamaland zu Ribuarien. Vgl. Herkunft d. Fr. 52. — [3]) Vgl. Herkunft d. Fr. 50—54. — [4]) Ich habe früher (Ausbreitung der sal. Franken S. 139) auf Grund der Arbeit von Eckertz angenommen, dass die Abtei Prüm noch zu Ribuarien gehört habe, die von ihm angeführten Gründe sind aber nicht stichhaltig und die Zugehörigkeit der Abtei zur Diözese Trier ist entschieden, auch galt in unmittelbarster Nähe von Prüm noch die salische Medempflicht (vgl. Ausbr. 167). Dass Abt Regino von Prüm in seinem Liber de synodalibus causis I, 416 die Lex Ribuaria als „pactus Francorum" citierte, erklärt sich aus der Lage der Abtei hart an der ribuarischen Grenze. Ueber die letztere ist noch zu vergleichen Pohl in Picks Monatsschrift f. d. Gesch. Westdeutschlands IV, 220 ff.

Nivanheim), doch wurden auch der Mühlgau (Moilla), der Lüttichgau (mit Achen) und zum Teil die oben erwähnten gemischten Gaue von ribuarischen Franken bewohnt. Auf dem rechten Rheinufer ist ausser dem Hamalande, das bloss im weiteren Sinne zu Ribuarien gerechnet wurde, nur der Ruhrgau ausdrücklich als ribuarisch bezeugt[1]), die in unserem dritten Abschnitt zu schildernde chattisch-salische Agrarverfassung ergibt aber mit Sicherheit, dass die Köln-Trierer Diözesangrenze auch hier wie auf dem linken Rheinufer die Stammesgrenze bildete; die in den trierischen Grenzgauen Heigera, Westerwald und Engersgau noch überall hervortretende salische Agrarverfassung fehlt in dem kölnischen Auelgau bereits vollständig, so dass wir diesen nebst dem Deutz- und Keldachgau unzweifelhaft als ribuarisch anzusprechen haben[2]). Der schmale fränkische Strich am rechten Rheinufer nördlich vom Ruhrgau bis zum Hamalande gehörte teilweise noch zu dem salischen Hattuariergau (s. S. 4f.); wahrscheinlich bildete auch der Düffelgau (Dubla, Tubalgowe) ursprünglich nur einen Untergau des letzteren, falls er nicht zum Hamalande gerechnet wurde.

    C. **Das Geltungsgebiet der Lex Chamavorum**[3]). Die „euua quae se ad Amorem habet" bezeichnet ihr Gebiet, das Land „Amore", als ein drei Grafschaften umfassendes Herzogtum (c. 44), welches an die Gebiete der Friesen und Sachsen und an den „Mashau" grenzte (c. 26—29). Es lässt sich erweisen, dass damit nicht der fränkische Maasgau (Herzogtum Limburg), sondern der das Mündungsdelta des Rheins unterhalb Dorstade (Wyk by Duurstede) umfassende friesische Maasgau gemeint ist[4]), den der Geograph von Ravenna als „Dorostate Frigonum patria" (S. 12, Anm. 3), die Reichsteilung von 839 als das Gebiet „Dorestado" bezeichnete, das

---

[1]) Herkunft d. Fr. 59. — [2]) Man kann sich dafür auf Gregor, Hist. Franc. II, c. 41, berufen, weil daraus hervorgeht, dass das rechte Rheinufer Köln gegenüber, also der Deutzgau, zu dem Reiche des Ribuarierkönigs gehörte. — [3]) Vgl. Untersuchungen S. 492—502. — [4]) Mit Unrecht habe ich früher die Bestimmungen des Meerscner Vertrags über den „Masau subterior" auf diesen friesischen Maasgau statt auf den unteren Teil des fränkischen Maasgaues bezogen. Vgl. Untersuchungen S. 501.

ehedem von Cannenefaten bewohnte Land, in welchem sich auch nach dem Einrücken der Friesen gewisse Eigentümlichkeiten des fränkischen Rechts erhalten hatten (s. S. 43). Die Reichsteilungen von 837 und 839 fassen alle nördlich von den salischen Gauen Batua und Hattuaria längs der friesischen und sächsischen Grenze belegenen fränkischen Landesteile unter dem Namen „Hamarlant" oder „Hammelant" zusammen [1]). Ortsnamen wie Amersforde, Amerungon, Amaloh, Hamersveld, das Hammer Vlier und der Hammer Bach bestätigen die Uebereinstimmung mit dem innerhalb derselben Grenzen gelegenen Amorelande des Gesetzes [2]). Eine der drei Grafschaften des letzteren lernen wir aus der berühmten Urkunde des Folker von 855 kennen; sie umfasste die später zu eigenen Grafschaften erhobenen Untergaue Hamaland, Felwe (Veluwe), Flethetti und wohl auch Nardincland und wurde im Süden und Südwesten durch den Rhein von der salischen Batua und dem Gau der Chattuarier, im Westen durch den Alten Rhein und die Vecht von den Westfriesen (insbesondere dem friesischen Maasgau) geschieden; im Osten bildete die Utrecht-Münsterer Diözesangrenze die Grenze gegen die Westfalen. Die zweite Grafschaft war der nördlich davon gelegene Gau Twente. Da dieser noch 797 und 799 als Northtuianti bezeichnet wird, so muss die südliche Grafschaft früher Suthtuianti geheissen haben; zugleich lässt der Name Tuianti = Tuibanti (d. i. Doppelgau) vermuten, dass das Land der Chamaven ursprünglich nur in Nord- und Südgau eingeteilt wurde. Mit der Abzweigung einer dritten Grafschaft, Thrianta (Thri-banta?), die wohl gegen Ende des achten Jahrhunderts erfolgt ist, verloren die alten Namen ihre Bedeutung, der frühere Gau Nordtwente wurde jetzt nur noch Twente genannt, der Südgau dagegen mit dem Landesnamen Hamaland, der schliesslich auch nur an dem östlichen Teile desselben haften blieb. Von dem Gau Thrianta wurde später das Salland, das man früher irrtümlich mit den salischen Franken in Verbindung gebracht hat, als eigener Gau abgezweigt.

---

[1]) Vgl. Untersuchungen S. 498. — [2]) Vgl. Herkunft d. Fr. 58. Untersuchungen S. 497.

## III.
## Die salische Agrarverfassung und das Bodenregal.

Der Annahme, dass die Agrarverfassung der Lex Salica und ihrer Ergänzungen auf dem Dorfsystem mit strenger Feldgemeinschaft, unter königlichem Obereigentume, beruhe, ist neuerdings v. Inama-Sternegg entschieden entgegengetreten[1]). Nach ihm herschte bei den Saliern durchaus das Hofsystem vor, das Kulturland stand im Privateigentum und unterlag nicht einmal dem Flurzwange, die Gemeinschaft beschränkte sich auf die Waldmark, das Recht des Königs auf das herrenlose Land im eroberten Gebiete.

Das salische Hofsystem sucht Inama aus dem Sprachgebrauche der Lex Salica in Betreff des Wortes „villa", aus der patronymischen Bedeutung vieler Ortsnamen mit der Endung „heim" und aus dem Umstande, dass in Flandern, Brabant und Nordfrankreich noch heute das Hofsystem überwiege, zu begründen. Was zunächst das Wort „villa" angeht, so gibt Inama selbst zu, dass es L. Sal. Tit. 45 nur von grösseren Ansiedlungen verstanden werden könne; dass freilich Tit. 14 § 6 und 42 § 5 nur von einzelnen Landhäusern oder Gehöften die Rede ist, lässt sich nicht bezweifeln, auch stimmen wir Inamas scharfsinniger Deutung des taurus trespillius „de tres villas cummunis vaccas" in Tit. 3 § 5 durchaus bei[2]). Der Sprachgebrauch der Lex Salica war eben ein gemischter[3]), sachlich aber ergibt sich nur, dass ihr die Ansiedlung in Dörfern geläufig war, während Inama den Beweis schuldig geblieben ist, dass mit den villae in Tit. 3 § 5, 14 § 6 und 42 § 5 isolierte Gutshöfe ausserhalb der Dörfer gemeint sind[4]). Der Hinweis auf patronymische Zusammen-

---

[1]) Vgl. v. Inama-Sternegg, Deutsche Wirtschaftsgeschichte bis zum Schluss der Karolingerperiode, S. 42 ff. 92 ff. — [2]) Vgl. ebd. S. 43 und unten Anm. 4. — [3]) Vgl. Diez, Etymolog. WB. d. roman. Sprachen I, u. d. W. villa. Pardessus, Loi Salique S. 389 Note 527 f. — [4]) Denn auch bei der Gemeindeweide in der Dorfflur war nicht ausgeschlossen, dass mehrere Bauern ihrem Viehstande entsprechend gemeinsames Faselvieh hielten.

setzungen mit der Endung „heim" beweist nichts, denn die Bedeutung dieses Wortes¹) ist noch schwankender als die von „villa", es ist Haus, grössere Niederlassung, Gebiet eines ganzen Volkes (vgl. Bojohaemum); in patronymischer Zusammensetzung ist entweder an eine ursprüngliche Geschlechtsniederlassung (genealogia) oder an einen herschaftlichen Gutsbezirk, dem der Grundherr den Namen gab, schwerlich aber an einzelne Bauernhöfe zu denken. Ebenso wenig wie die Ortsnamen auf „heim" tragen die auf „dorf" etwas zur Entscheidung bei, denn auch Dorf (goth. þaurp) bezeichnet wie „villa" bald eine grössere bald eine kleinere Niederlassung ²). Anders steht es mit den Ortsnamen auf „wik" und „burg", die in der ersten Hälfte des Mittelalters, bevor die Anlagen von Burgen üblich wurden, ausschliesslich grössere Ansiedlungen bezeichnen ³). Aus den altsalischen Landen führe ich an: Ewic, Rinwich, Meginhardeswich, Linterwic, Riswich, Batenburg, Falburg und Doronburg aus Batua, Podarwic, Sandwich und Alburg aus Testerbant, Quadriburgium und Asciburgium aus dem alten Cugernenlande (Hattuariergau), Masuik und Harburch aus dem fränkischen Maasgau, Nordrewic, Dispargum und Tilliburgis aus Toxandria, Ostburg, Rodenburg, Aldenburg und Brugburg aus Flandern, Quentwic, Hemmawic und villa de Salperwiic aus Tarwana⁴). Ueber die heutige Lage der Dinge in Brabant und Flandern hatte Herr Professor Vanderkinderen in Brüssel die Güte, auf meine Bitte folgendes mitzuteilen: „Die Behauptung Inama-Sterneggs, dass das System der Einzelhöfe in Belgien von den Franken eingeführt worden sei und bis jetzt in unserem Lande immer herrschte, scheint mir nicht bewiesen zu sein. Die Einzelhöfe, im wirklichen Sinne, bestehen nur in der Provinz Namur und im

---

¹) Vgl. Förstemann, Altdeutsches Namenbuch II², S. 701 ff. — ²) Vgl. Kern bei Hessels, Lex Salica S. 474. Derselbe, Glossen in der Lex Salica S. 119 ff. Grimm, DWB. II, 1276 f. Förstemann, a. a. O. 1464. — ³) Vgl. Waitz, Deutsche Verfassungsgeschichte I³, S. 116. Grimm, a. a. O. II, 534 f. Förstemann, a. a. O. 359. 1583. — ⁴) Ich beschränke mich auf Namen aus der Zeit vom achten bis elften Jahrhundert. Meine Quellen waren ausser Th. Menkes Gaukarte: v. d. Bergh, Handboek der mittel-nederlandsche geographie (2. Aufl. 1872), Piot, Les pagi de la Belgique (Mémoire couronné par l'Acad. roy. de Belgique, 1871) und Guérard, Cartulaire de St. Bertin.

wallonischen Brabant. Sobald man den Wald (Forêt de Soignes) überschritten hat, welcher auch die Grenze der Sprachen ist, so tritt man in die Region der Einzelhöfe ein ¹). Nördlich des Waldes, in der flämischen Gegend, sieht man nichts ähnliches. Nun haben die Salier ihren eigenen Charakter nur dem flamändischen Lande eingeprägt; im Thale der Schelde, ihrer Nebenflüsse Senne, Dyle, Demer haben sie sich länger festgesetzt; nur dort haben sie das Land wirklich kolonisiert. Der Wald war ihre Grenze, und später nur sind sie weiter gekommen, aber dann wirkten sie mehr als Eroberer und waren nicht zahlreich genug, um die Sprache auszutilgen oder, nach meiner Meinung, das System des Landbaues ganz zu erneuern. Im romanischen Lande fanden sie und liessen sie die Höfe mit der grossen Kultur bestehen, wie sie dort schon früher heimisch waren. Um die Frage richtig zu behandeln, muss man also den nördlichen Teil des Landes im Auge behalten; dort glaube ich, dass die Dörfer immer prädominierten, und es sind nur spätere Ursachen, die einzelne isolierte Gründungen hervorgebracht haben. Die zahlreichen Dorfküren des Mittelalters zeigen überall gemeinsame Ansiedlungen mit gemeinen Weiden, Wäldern u. s. w., und selbst die Städte im zwölften und dreizehnten, ja bis ins vierzehnte Jahrhundert haben noch Spuren bewahrt eines früheren Zustandes, wo alle Bürger das Nutzungsrecht einer gemeinen Almend besassen." Auch an urkundlichen Zeugnissen über grössere Dörfer in Belgien fehlt es nicht, man vergleiche besonders Urkunde Heinrichs I. für St. Crispin v. J. 931 (Mon. Germ., Dipl. Heinr. Nr. 30), Ottos I. für St. Nivelle v. J. 966 (Oorkondenboek van Holland en Zeeland I, Nr. 38). Dass in Nordfrankreich das Dorfsystem mit Flurzwang wenigstens im elften Jahrhundert durchaus überwog, wird von Lamprecht bezeugt ²).

---

¹) Ueber Einzelhöfe bei den Kelten vgl. Erhardt, Aelteste germanische Staatenbildung S. 33 Anm. 1 und neuerdings besonders Lamprecht i. d. Zeitschrift d. Bergischen Geschichtsvereins XVI, 19—27, der in ansprechender Weise auch das Hofsystem am Niederrhein und in Westfalen auf die Kelten (namentlich Menapier) zurückführt, deren Besiedelungsweise auf die ihnen nachrückenden Germanen übergegangen wäre. — ²) Vgl. Lamprecht, Beiträge zur Geschichte des französischen Wirtschaftslebens im elften Jahrhundert, S. 30 ff.

Schon Gregor von Tours spricht wiederholt von Dörfern um Paris[1]), ferner vergleiche man Form. Rozière Nr. 161, 305, 307, 346, 405—407, Pardessus, Diplomata Nr. 363 (v. 670), 421 (v. 691), Guérard, Cartulaire de St. Bertin S. 68, 80, 99—106, 128 (neuntes Jahrhundert) und Cartulaire de St. Père de Chartres I, S. 29, 52, 64, 75 f., 88 (zehntes Jahrhundert). Für das Stammland und die Kolonisationsgebiete der Chatten gibt auch Inama die Dorfschaftsverfassung zu[2]). Dass auch die Brukterer, die wir zu den ribuarischen Franken zählen, grosse Ortschaften besassen, wird schon für das vierte Jahrhundert von Sulpicius Alexander bestätigt[3]).

Der Beweis, dass die Agrarverfassung der salischen Franken auf dem Dorf- und nicht auf dem Hofsysteme beruht hat, dürfte hiermit zur Genüge geführt sein. Man muss aber, abgesehen von den königlichen Gütern, zwei Arten von Dörfern unterscheiden. Die einen, von sehr verschiedener Grösse, standen mit allem dazu gehörigen Lande in dem Besitze einer Kirche oder eines weltlichen Grossen[4]); um den Herrnhof (sala) gruppierten sich die Gehöfte der unfreien und hörigen, später auch der freien Hintersassen des Gutsherrn[5]). Für gewöhnlich scheint es nur auf solchen Gütern Leibeigene gegeben zu haben, wenigstens spricht c. 12 des Landfriedensgesetzes Childeberts I. und Chlothars I. nur von dem servus „cuiuslibet de potentibus, qui per diversa possedent." Dem

---

[1]) Gregor, Hist. Franc. III, c. 49. Miracula I, c. 72. — [2]) Vgl. v. Inama-Sternegg, a. a. O. 44 f. Waitz, Die altdeutsche Hufe S. 20 f. und Verfassungsgeschichte II², 217. Chattische Dörfer bei Tacitus, Annal. I, 56. — [3]) Gregor, Hist. Franc. II, c. 9. — [4]) Vgl. L. Sal. Tit. 27 § 18: silva aliena (wobei aber auch an den Wald einer fremden Markgenossenschaft gedacht werden kann). Ebd. Zusatz 7: in agrum alienum arborem insertum. § 24: Si quis campo alieno araverit extra consilium domini sui. Weinberge Tit. 27 § 13 f. 35 § 6. Pratum alienum Tit. 27 § 10. Siehe übrigens Ausbreitung d. Frank. S. 145, Anm. 9 und unten S. 60, Anm. 3—6. — [5]) Statt vieler anderen Beispiele sei hier nur aus der Wittumsurkunde „secundum legem Salicam" in Form. Lindenbr. Nr. 79 (Rozière Nr. 231) angeführt: „mansum iuris mei indominicatum cum aliis quatuor mansis servilibus seu adspicientibus, simul curtiferis, vineis . . ., silvis, viridigariis, pratis, campis, cultis vel incultis, pascuis, perviis, exitibus et regressibus, et reliquis adiacentiis mobilibus et immobilibus, cum mancipiis utriusque sexus." Vgl. S. 53, Anm. 5.

grundherrlichen Besitze stand der der „Nachbarn" (vicini), d. h. der im markgenossenschaftlichen Verbände befindliche Kleinbesitz gegenüber¹). Hier war Wald und Weide Almende²); der einzelne Hof hiess „sors", fränkisch wohl „alag"³), das Feld, welches der einzelne bebauete, „campus" oder, wenn es bestellt war, „messis" oder „labor", in fränkischer Sprache „esc"⁴). Dem Gegensatze des herschaftlichen Grossgrundbesitzes oder der „terra salica"⁵) und des nachbarlichen (d. h.

---

¹) Vgl. L. Burg. 54, 1 und die schöne Abhandlung von Gierke, Erbrecht und Vicinenrecht im Edikt Chilperichs (Zeitschrift f. Rechtsgeschichte XII, 430—491) S. 436. L. v. Maurer, Gesch. d. Dorfverf. 102 f. v. Inama-Sternegg, a. a. O. 128 Anm. 1 bestreitet, dass die Salgüter von dem Markenverbande eximierte Gutsbezirke mit einer von der bäuerlichen verschiedenen Erbfolge gewesen seien. Aber die Gegensätze liegen in c. 3 des Edikts Chilperichs (Nachbarhöfe mit subsidiärer weiblicher Erbfolge) und der späteren Textgestaltung von Tit. 59 § 5 der Lex Salica (terra salica mit ausschliesslich männlicher Erbfolge) vor. So lange die Bauerdörfer an der strengen Feldgemeinschaft festhielten, war dort für Herrenhöfe kein Platz. Erst als dort das Privateigentum an Grund und Boden platzgriff, konnten auch Dorfhufen in herschaftlichen Besitz übergehen. Seitdem sprach man denn auch von Salgütern in Bauerdörfern. So begegnen in Chaltebach (Kalbach, nördl. v. Frankfurt) Saläcker in Gemenglage bei Dreifelderwirtschaft: „terre salice in uno campo 80 agri, in alio 90, in tercio 40 (Dronke, Trad. Fuld. S. 115 Nr. 4). Diese uneigentlichen Salgüter unterlagen denselben Lasten wie die Bauerhufen (vgl. unten) und folgeweise dem gleichen Erbrecht. Was man von Beispielen dafür angeführt hat, dass auch Salgüter auf Weiber vererbt wurden, bezieht sich wohl auf solche Besitzungen. — ²) Vgl. L. Sal. Tit. 27 § 19. Cartulaire de St. Bertin S. 61 f. 103—106. — ³) VI. Kapitulare c. 11: mansionem aut sortem. Vgl. Ausbreitung d. Frank. S. 146, Anm. 1. Ueber alag vgl. Kern, Glossen in der Lex Salica S. 121. Grimm, Vorrede zu Merkels Lex Salica S. XLIV. Du Cange (Henschel), Glossar. I, 2 unter „aalagia". III, 93 unter „eslagium". Graff, Althochd. Sprachschatz I, 236. — ⁴) „Campus" Tit. 27 §§ 8, 24, Zusatz 9. „Messis" Tit. 9 §§ 1, 4, 7, 8 (in den Varianten), Zusatz 2. Tit. 27 §§ 5, 15. Tit. 34 §§ 2, 3. „Labor" Tit. 9 Zusatz 2. „Esc" in der malb. Glosse des Wolfenbüttler Codex in Tit. 27 § 25 (22): „escrippas"; vgl. Kern, Die Glossen in der Lex Salica S. 93 und bei Hessels, Lex Salica S. 502. Grimm, DWB. u. Esch (III, 1140). — ⁵) Vgl. Waitz, Die altdeutsche Hufe S. 48 ff. und Verfassungsgeschichte II², S. 220. Guérard, Polyptique d'Irminon S. 483 ff. Ausbreitung der Franken S. 149. Untersuchungen S. 484 Anm. 5. 485 Anm. 4. Steinmeyer u. Sievers, Althochdeutsche Glossen I, 8 f. (wo aula mit „salibus" „selihus" wiedergegeben wird). Siehe auch Vaissete, Hist. de Languedoc II., preuves Nr. 22 (v. 813): mansum

bäuerlichen) Kleinbesitzes in der Gemeindeflur entsprach di Unterscheidung der Besitzer in „meliores" und „minoflidi"[1]). Beide Arten des Grundbesitzes unterlagen ursprünglich nur einem sehr beschränkten Erbrecht; während das bewegliche Vermögen frei und ohne Unterschied des Geschlechts auf die Erben übergieng [2]), vererbte sich der Grundbesitz (terra) nur auf die Nachkommen männlichen Geschlechts [3]); waren solche nicht vorhanden, so fiel das Salland als erbloses Gut an den König [4]), das bäuerliche Besitztum dagegen wurde von der Gemeinde eingezogen. Die bäuerliche Erbfolge wurde durch das Edikt Chilperichs c. 3 auf den ersten Grad der Seitenlinie und innerhalb dieser Grenzen subsidiär auch auf die weibliche Verwandtschaft ausgedehnt, das Einziehungsrecht der Gemeinde also auf den Fall beschränkt, dass der Nachbar weder Nachkommen noch Geschwister hinterlassen hatte [5]). Die Beschränkung auf den Mannsstamm blieb demnach nur bei den Salgütern bestehen, was alsbald zu einer entsprechenden Textesänderung in den Handschriften der Lex Salica Veranlassung gab [6]); aber auch hier wusste man der Härte des

---

seniore, ubi ipse commanere videor, cum reliquis mansis ad ipsum mansum aspicientibus. — [1]) I. Kapitulare c. 9. Seit es zulässig erschien, dass freie Leute Gut von anderen zu Zinsrecht annahmen, wurden diese freien Hintersassen als „minoflidi" bezeichnet, während die unabhängigen Bauern nunmehr eine Mittelstellung zwischen diesen und den „meliores" oder „meliorissimi" einnahmen und desbalb „mediani" genannt wurden. So erklärt sich der Unterschied zwischen dem minoflidus in Chlodovechs Kapitulare und dem der alamannischen Gesetze (Pact. Leg. Alam. II, 37, 40. III, 25). — [2]) L. Sal. Tit. 59 §§ 1—4. II. Kapitulare c. 2. Vgl. Rosin, Commentatio ad titulum legis Salicae LIX. „de alodis" (Vratislaviae 1875) S. 31 ff. Gierke, a. a. O. 439 f. — [3]) L. Sal. Tit. 59 § 5. Vgl. Gierke, a. a. O. 441 ff. Hier kommen nur die Lesarten der vier Codices der ersten Handschriftenklasse in Betracht. Ueber die späteren Aenderungen s. Anm. 6. — [4]) Vgl. L. Sal. Tit. 60 § 2. Waitz, Verfassungsgeschichte II², S. 588 f. Derselbe, Das alte Recht der sal. Franken S. 206. — [5]) Vgl. Gierke, a. a. O. 433 f. 439. 445 f. 448 ff. — [6]) Von der zweiten Handschriftenklasse an schrieb man Tit. 59 § 5 statt „terra", weil die Bestimmung nur noch auf Salgüter anwendbar war, „terra salica." Vgl. Untersuchungen S. 485 Anm. 4, v. Sybel, Entsteh. d. Königtums S. 201. Laferrière, Hist. du droit français III, 189 ff. Gierke, a. a. O. 453—461 bezieht den zweiten Teil der angezogenen Bestimmung Chilperichs eben auf diese Herrengüter und sieht darin eine ausdrückliche Bestätigung

— 55 —

Gesetzes durch Verfügungen unter Lebenden oder von Todes wegen entgegenzutreten [1]) und dadurch eine mildere gewohnheitsrechtliche Entwicklung anzubahnen; so verschwindet seit der dritten Handschriftenklasse der Lex Salica die Beschränkung auf die Descendentenerbfolge, auch die Zurücksetzung der Weiber ist vielfach in Wegfall gekommen [2]), stellenweise aber ist sie als nunmehr einziges charakteristisches Merkmal des „salischen" Erbfolgerechts bei den eigentlichen Herrengütern bestehen geblieben, um noch nach Jahrhunderten eine hervorragende Rolle in der französischen Staatsgeschichte zu spielen [3]).

Dem Einziehungsrecht der Gemeinde bei bäuerlichen Besitzungen entsprachen die Befugnisse derselben bei der Ansiedlung eines Fremden in der Dorfmark. Da der berühmte Tit. 45 „de migrantibus" auch heute noch von den meisten missverstanden wird, indem sie ihn auf die Errichtung einer neuen Niederlassung in der Dorfmark beziehen [4]), so bedarf es einer genaueren Interpretation. Die Eingangsworte lauten: „Si quis super alterum in villa migrare voluerit, si unus vel aliqui de ipsis, qui in villa consistunt, eum suscipere voluerit, si vel unus exteterit, qui contradicat, migranti (l. migrandi) ibidem non habebit licentiam." Es handelt sich um die Niederlassung eines Ausmärkers, mit der einzelne Gemeindeglieder einverstanden sind, während andere widersprechen; es ist klar, dass man die von dem Gesetzgeber ausdrücklich hervorgehobene Meinungsverschiedenheit der Markgenossen nicht ausserdem noch in den Worten „super alterum" suchen darf, die hier weder „wider den Willen eines andern," noch auch „mit

---

des bisherigen Gewohnheitsrechts für diese. Obwohl ich in der Sache ganz mit ihm übereinstimme, kann ich ihm doch in dieser Auslegung nicht beitreten. — [1]) Vgl. Form. Marc. II, 12 und Append. Marc. 49 (Rozière Nr. 135f.). — [2]) Vgl. Roth, Geschichte des Beneficialwesens S. 77. 98. Gierke, a. a. O. 460 f. — [3]) Vgl. Ausbreitung der Franken S. 149. Laferrière, Histoire du droit français III, 194 f. 197. — [4]) So besonders Waitz, Verfassungsgeschichte I[2], 134. II[2], 32. Derselbe, Das alte Recht 128. Eichhorn i. d. Zeitschr. f. gesch. Rechtswissenschaft I, 182. L. v. Maurer, Einleitung z. Geschichte d. Markverfassung 143 f. Beseler, Der Neubruch S. 14 (Abdruck aus dem Symbolae Bethmanno-Hollwegio oblatae, Berlin 1868). v. Bethmann-Hollweg, Der germanisch-romanische Civilprozess I, 470. Sohm, Prozess der Lex Salica S. 14 f.

Willen eines andern" bedeuten können ¹). Der wahre Sinn ergibt sich leicht aus einer Reihe von Parallelstellen ²). „Super alterum migrare" heisst wörtlich „auf einen anderen einziehen," d. h. von auswärts auf den Hof eines anderen ziehen. Dabei macht das Gesetz keinen Unterschied, ob der fragliche Hof durch den Tod des bisherigen Besitzers frei geworden ist, oder ob es sich um eine Abtretung unter Lebenden handelt ³). Auf die letztere allein bezieht sich ein Zusatz, der sich zuerst in der zweiten Handschriftenklasse und von da an fast in allen Codices findet: „Si vero alium in villa aliena migrare rogaverit, antequam conventum fuerit, malb. anduntheoco, 1800 denarios qui faciunt solidos 45 culpabilis iudicetur." Man hat dies „migrare rogare" als eine blosse Aufforderung zur Einwanderung erklären wollen, ohne die Ungereimtheit zu berücksichtigen, die sich ergeben musste, wenn jede solche Aufforderung ohne voraufgegangene Verhandlung in der Gemeindeversammlung mit einer so unverhältnissmässigen Strafe bedroht gewesen wäre, um die Hälfte höher als die, welcher der aufdringliche Fremde selbst verfiel! Von solchen, die bereit sind den Fremden anzunehmen, spricht schon der ursprüngliche Text des Gesetzes; von einem Nachteil, der sie treffen sollte, wofern der Gast wieder ausgewiesen wird, ist keine Rede. In dem ganzen Zusammenhange des Gesetzes kann das „migrare" auch hier nur als „super alterum migrare" genommen werden, es ist die Bereitstellung eines Hofes für

---

¹) Das erstere nehmen nach dem Vorgange von Eccard (Leges Francorum S. 90) besonders an Du Cange, Glossar. (ed. Henschel) IV, 4, Pardessus, Loi Salique S. 389 Note 526 und Sohm, Reichs- u. Gerichtsverfassung I, 62 Anm. 13; die zweite Ansicht bei Waitz, Verfassungsgeschichte I², 134 Anm. 1. — ²) Tit. 47 § 1: rem suam super alterum agnoscere. I. Kapitulare c. 1: super alterum intertiare. Tit. 61 § 2: super hominem vivum expolia ferre. Tit. 50 § 3: super me et furtuna mea pono. Damit mag man noch vergleichen Tit. 16 § 1: casam super homines dormientes incendere, Tit. 20 § 3: super cubitum manum mittere, Tit. 40 § 1: servus super scamno tensus, III. Kapitulare c. 2: super ingenuum lapidem mittere. — ³) Vgl. Thudichum, Gau- u. Markverfassung 221 ff. 225. Gierke, Genossenschaftsrecht I, 76 f. und i. d. Zeitschrift f. Rechtsgeschichte XII, 453. Stobbe, Handb. d. deutsch. Privatrechts I, 257 Anmerkung. v. Sybel, Entstehung des Königtums 29 f. Kohler i. d. Krit. Vierteljahrsschrift f. Rechtswissenschaft XXIII, 29. Viollet i. d. Bibliothèque de l'école des chartes XXXIII, 496 f.

den Fremden oder vielmehr die Abtretung desselben an den Fremden gemeint; diese soll nicht geschehen, „antequam conventum fuerit," d. h. bevor eine Gemeindeversammlung¹) die Abtretung genehmigt hat. Wer seinen Hof eigenmächtig an einen Ausmärker überliess²), verfiel der gesetzlichen Strafe von 45 Solidi. Für den Fremden selbst war es auf alle Fälle gleichgiltig, ob seine Sache der Gemeinde vorgelegt wurde oder nicht, denn jeder, der nicht für seine Aufnahme gestimmt hatte, konnte unter Beobachtung der von dem Gesetze vorgeschriebenen Förmlichkeiten binnen Jahresfrist seine Ausweisung betreiben³). Liess der Fremde es so weit kommen, so wurde er wegen seiner Widersetzlichkeit⁴) mit 30 Solidi gestraft und verlor ausserdem seine „Arbeit", d. h. seine Ernte, nach dem Sprichwort: „Swer vremden acker âne urloup bûwet wol, ze reht er sol sîn arebeit verliesen"⁵). Dass dies Ab-

---

¹) Vgl. Waitz, Das alte Recht 125. Eichhorn i. d. Zeitschr. f. gesch. Rechtswissenschaft I, 182 f. L. v. Maurer, Einleitung z. Gesch. d. Markverfassung 141. Gierke, Genossenschaftsrecht I, 77. Sohm, Prozess der Lex Salica 14; Reichs- u. Gerichtsverfassung 61. Ich habe früher (Ausbreitung der Franken S. 146 Anm. 4) „conventum" auf die gerichtliche Form des Veräusserungsgeschäfts bezogen, indem ich die Glosse „anduntheoco" (vgl. Anm. 2) irrtümlich für „ana theoda" nahm. Vgl. auch v. Inama-Sternegg, a. a. O. 96 Anm. 2. 106 Anm. 3. — ²) Die Glosse „anduntheoco" steht für „anduntheeto", von „and" (contra) und „untheetan" (verheissen, geloben). Vgl. Kern, Glossen S. 182 und bei Hessels, a. a. O. 532. Schiller u. Lübben, Mittelniederd. WB. I, 674. v. Richthofen, Altfries. WB. 1102. Grimm, DWB. II, 557. Vielleicht ist and-untheetan wie antworten (ags. andswarian) in dem Sinne von ausantworten zu verstehen und auf die Auflassung (exfestucatio) zu beziehen. Vgl. Grimm, DWB. I, 510. — ³) Vgl. besonders Sohm, Prozess der Lex Salica S. 14 ff. 38. 40. Behrend, Zum Prozess der Lex Salica (aus den Festgaben für Heffter) S. 85 f. v. Bethmann-Hollweg, Der germanisch-romanische Civilprozess I, 469 ff. Waitz, Das alte Recht S. 160 f. — ⁴) „Widrisittolo". Vgl. Grimm i. d. Vorrede zu Merkels Lex Salica S. LVI. Kern, Glossen in der Lex Salica S. 179 und bei Hessels, a. a. O. 532. — ⁵) Aus dem Frauenlob, s. Zingerle, Die deutschen Sprichwörter im Mittelalter S. 9. Vgl. L. Sal. Tit. 27 § 10: Si quis prato alieno secaverit, opera sua perdat. Siehe noch Thudichum, a. a. O. 225, Du Cange, a. a. O. IV, 4, Edict. Liutpr. c. 133. Die Urbedeutung des Wortes „Arbeit" ist gerade „Feldbestellung". Vgl. Grimm, DWB. I, 539. Lexer, Mittelhochd. WB. I, 88. Siehe auch oben S. 53, Anm. 4. Mit Unrecht haben die meisten die Worte „quod ibi laboravit demittat" auf Landrodungen bezogen, und dies hat vornehmlich zu

triebsverfahren sich nicht auf die von dem Gesetze allein hervorgehobenen Fälle des „super alterum migrare" beschränkte, sondern auch bei dem Neuanbau auf der Almende platzgriff, versteht sich von selbst [1]).

Aus dem Einziehungsrecht der Gemeinde im Todesfalle und dem Abtriebsrecht der einzelnen Gemeindeglieder im Veräusserungsfalle ergibt sich mit Notwendigkeit, dass der einzelne Hof nicht im Sondereigentum seines dermaligen Besitzers stand, sondern dem Rechte der gesammten Hand unterlag, bei welchem zwar dem Besitzer und nach seinem Tode auch seinen Descendenten eine Sondernutzung überlassen wurde, im übrigen aber nur die Gesamtheit der Nachbarn als Rechtssubject erschien. Die Agrarverfassung der salischen Franken beruhte noch im sechsten Jahrhundert auf dem System der strengen Feldgemeinschaft [2]), das für jetzt einzig durch die Ausnahme der Salgüter durchbrochen wurde. Bestätigt wird dies durch c. 9 des ersten Kapitulares, das freilich von Inama - Sternegg auf Einzelhöfe mit eigenen Flurgrenzen bezogen wird [3]). Es handelt sich um die Auffindung eines Erschlagenen „iuxta villa aut inter duas villas proximas sibi vicinas." Ist die Leiche „iuxta villa" oder (nach dem Wolfenbüttler Codex) „iuxta strada" gefunden, so ruht der Verdacht des Mordes auf den „vicini in quorum campo corpus inventum est," und der Graf fordert sie zur Rechtfertigung auf mit den Worten: „Homo iste in vestro agro est occisus"; bei der Auffindung „inter duas villas" dagegen ist von den „vicini in quorum exitum corpus inventum est" die Rede und die Ansprache des Richters lautet: „Homo

---

dem Missverständniss beigetragen, dass Tit. 45 überhaupt den Neuanbau in der Mark zum Gegenstande habe. — [1]) Vgl. die bekannten Urkunden von 811 und 813, betreffend die Niederlassung des Amalung und Hiddi in dem hessischen Dorfe Wolfsanger, bei Dronke, Cod. dipl. Fuld. Nr. 261 (auch Loersch u. Schröder, Urk.-B. z. Gesch. d.-deutsch. Privatrechts Nr. 36) und Wilmans, Kaiserurkunden Westfalens I Nr. 3 (auch Mabillon, De re diplomatica S. 512, Nr. 64). Vgl. S. 63 Anm. 3. — [2]) Ausser den Ausbreit. d. Franken S. 145, Anm. 1 angeführten Schriften vgl. Viollet i. d. Bibl. de l'école des chartes XXXIII, 492. Gierke i. d. Zeitschr. f. Rechtsgeschichte XII, 462 ff. Laveleye, Das Ureigentum (deutsche Bearbeitung von Bücher) S. 69. Kohler i. d. Krit. Vierteljahrsschr. f. Rechtswissensch. XXIII, 26 f. — [3]) Vgl. v. Inama-Sternegg, Deutsche Wirtschaftsgeschichte S. 44, 98 Anm. 1.

iste in vestibulum (sc. vestrum) est occisus." Man sieht, in dem einen Falle sind es die Nachbaren desselben Dorfes, in dem zweiten die Bewohner zweier benachbarten Dörfer, auf deren Grenze (exitus, vestibulum) der Todte gefunden ist. Bezeichnet „villa" dort ein Dorf, so wird es in dem zweiten Falle nichts anderes bedeuten, obwohl man wegen „exitus" und „vestibulum" auch an zwei benachbarte Höfe desselben Dorfes denken könnte. Was Inama für seine Auffassung beibringt, beweist nichts, denn „campus" und „ager" sind weder technisch für Gemeindefeld, noch für Sondereigen, und die Bestimmung über die Eideshelfer hat er missverstanden [1]). Jeder Hofbesitzer innerhalb des Dorfes hatte die zur Abweisung der Todtschlagsklage erforderliche Zahl von 15 Eideshelfern zu stellen und keiner konnte sich darauf berufen, dass der Todte nicht auf seinem Besitztum gefunden sei; es bestanden eben keine Eigentumsgrenzen für die einzelnen Hufen [2]). Wie in dem herschaftlichen Gutsbezirk alles dem Grundherrn gehörte und es daher diesem oblag, mit einer grösseren Zahl von Eideshelfern sich und seine Bauern von der Anschuldigung zu reinigen, so war die Dorfflur Gemeindeland und die Reinigung von der Anklage galt als Gemeindepflicht. Auch was Inama-Sternegg sonst noch gegen die salische Feldgemeinschaft vorbringt [3]), ist unstichhaltig, denn teils bezieht er sich auf Bestimmungen, die offenbar von Salgütern handeln (vgl. oben S. 52), teils auf solche die sehr wohl auf den Nutzungsbesitz

---

[1]) Er beruft sich auf die grosse Zahl der Eideshelfer, die man nicht hätte aufbringen können, wenn die gesamten Dorfbewohner angeschuldigt wurden. Zunächst gieng die Anschuldigung nicht gegen alle Einwohner, sondern nur gegen die einzelnen „Nachbarn" oder Hofbesitzer, von denen jeder für sich und die Seinigen den Reinigungseid mit 15 Eideshelfern zu schwören hatte, da der seit der 2. Hälfte des sechsten Jahrhunderts übliche Zwölfercid (Form. Sirm. 30. Andegav. 49. Rozière Nr. 491, 493; vgl. v. Amira i. d. Germania XX, 53—66. Siegel, Gesch. d. deutsch. Gerichtsverfahrens S. 187. Sohm, i. d. Zeitschr. f. Rechtsgeschichte V, 403 Anm. 18) damals für die Todtschlagsklage noch nicht zugelassen war (II. Kapitulare c. 4, vgl. S. 39 Anm. 4). Der „melior" hatte als Grundherr für das ganze Dorf zu schwören und darum 65 Eideshelfer zu stellen. Dadurch erledigen sich die Bedenken Siegels, a. a. O. 278 f. — [2]) Vgl. Waitz, Verfassungsgeschichte II², 313. — [3]) Vgl. v. Inama-Sternegg, a. a. O. 96 ff.

an dem einzelnen Ackerlose gedeutet werden können [1]), teils endlich auf solche, die einer späteren Entwicklungsstufe angehören. Schon nach der Lex Salica waren die ursprünglich einjährigen Verlosungsperioden [2]) offenbar verlängert. Oft behielt der einzelne Bauer sein Loos auch nach beendigter Ernte [3]), es verlohnte sich, dasselbe mit einem Zaun zu umgeben [4]), man pflanzte auch wohl Bäume darauf [5]), Gärten und vielleicht auch Wiesen und einzelne zu Gemüsebau und sonstiger intensiverer Kultur geeignete Grundstücke in der Nähe des Hofes galten schon als dauerndes Zubehör des letzteren [6]), genug wir befinden uns in einer Uebergangsperiode, welche das Gesamtrecht zwar noch mit Entschiedenheit aufrecht erhält, aber der Sonderwirtschaft doch schon erhebliche Zugeständnisse macht [7]), vergleichbar etwa dem Lehn zur gesamten Hand seit Zulassung der Mutschierung [8]). Einen bedeutenden Schritt auf dem Wege zum Sondereigentum erkennen wir in dem Erbrechtsgesetz Chilperichs, das unzweifelhaft bald zu weiteren gewohnheitsrechtlichen Bildungen Veranlassung gegeben hat. Wie die Immobiliarsuccession so kamen auch Immobiliarprozess, Immobiliarexekution und Immobiliarrechtsgeschäfte, die der Lex Salica noch ganz unbekannt waren [9]), bereits im Laufe des sechsten Jahrhunderts zu allgemeiner Anerkennung. In der Karolingerzeit war auch das Widerspruchsrecht der einzelnen Gemeindeglieder gegen Veräusse-

---

[1]) So selbst einige der oben S. 52, Anm. 4 für die Salgüter angeführten Bestimmungen. Vgl. Anm. 3 — 6. — [2]) Vgl. Tacitus, Germania c. 26. — [3]) Lex Salica Tit. 34 § 2. — [4]) Tit. 9 Zus. 2. — [5]) Tit. 27 Zus. 7. — [6]) Tit. 27 §§ 6, 10. Es gab Bohnen-, Erbsen-, Linsen-, Rüben-, Leinfelder. Tit. 27 §§ 7, 8. — [7]) Vgl. Gierke i. d. Zeitschrift f. Rechtsgesch. XII, 473—478. — [8]) Vgl. Homeyer, System des Lehnrechts der sächs. Rechtsbücher S. 466. Stobbe i. d. Zeitschrift f. Rechtsgeschichte IV, 233. Auch die Verhältnisse der Werler Erbsälzer waren ähnlich. Zeitschrift f. Rechtsgesch. X, 258 ff. — [9]) Vgl. v. Bethmann-Hollweg, a. a. O. I, 488 f. v. Meibom, Deutsch. Pfandrecht S. 55 f. Heusler, Beschränkung der Eigentumsverfolgung S. 12. v. Inama-Sternegg, a. a. O. 95. 111. Sohm, Prozess der Lex Salica S. 173 ff. und Fränkische Reichs- und Gerichtsverfassung S. 117 f. Der letztere hat neuerdings (Fränkisch. Recht und römisch. Recht S. 40) darauf aufmerksam gemacht, dass auch Tit. 46 (vom affatimus) nur auf die Vergabung eines beweglichen Vermögens zu beziehen ist.

rungen an Ausmärker veraltet, der Titel 45 der Lex Salica wurde nicht mehr verstanden [1]).

So hat sich das Recht der salischen Franken schrittweise demselben Zustande genähert, den wir in den übrigen Volksrechten bereits als den normalen erkennen [2]). Aber bis in die neuere Zeit, ja zum Teil bis auf die Gegenwart haben gerade in dem Gebiete der salischen Franken ganze Gegenden an der alten Feldgemeinschaft, die bei den übrigen Stämmen nur vereinzelte Spuren hinterlassen hat, festgehalten [3]).

Noch charakteristischer als die Feldgemeinschaft, die doch ursprünglich allen Germanen gemein war, ja als das System aller in den ersten Stadien des Ackerbaues befindlichen Natur-

---

[1]) Vgl. Capitula legis Salicae von 819 c. 9, wo der Tit. 45 ganz verkehrt auf die gewaltsame Occupation einer fremden „villa" bezogen wird. Vgl. Gierke, Genossenschaftsrecht 1, 77 Anmerkung. — [2]) Dies gilt auch von den Ribuariern, die unzweifelhaft in dem alten Ubierlande schon ausgebildetes Privateigentum vorfanden, doch gehören die das Grundeigentum betreffenden Bestimmungen der Lex Ribuaria erst in das letzte Viertel des sechsten Jahrhunderts. — [3]) Feldgemeinschaft in Belgien, insbesondere in den Ardennen: v. Laveleye, a. a. O. 66, 253 ff. Derselbe, Essai sur l'économie rurale de la Belgique, 2. Aufl. (Paris 1875) S. 206 ff. In den Saar- und Mosellanden: Ausbreitung der Franken S. 151—157; Hanssen, die Gehöferschaften im Regierungsbezirk Trier (Abh. der Berlin. Akad. d. Wiss. 1863, jetzt auch Agrarhistorische Abhandlungen S. 99 ff.); Derselbe, Agrarhistorische Abhandlungen S. 31; Derselbe i. d. Zeitschr. f. d. gesamt. Staatswiss. XXXVI, 407 ff.; Meitzen, Der Boden und die landwirtsch. Verhältnisse des preuss. Staats I, 348—353; Denkschrift der preuss. Staatsregierung über die Verhältnisse der Gehöferschaftswaldungen im Regierungsbezirk Trier (Aktenstücke des Hauses der Abgeordneten, 13. Legislaturperiode, III. Session 1878—79, Nr. 54); Weistum von Senheim (Grimm, Weist. II, 433); Weistum von Kirst und Thirn (ebd. II, 435); K. Roth, Geschichte des Forst- u. Jagdwesens S. 223 f. In Luxemburg: Ausbreitung der Franken S. 157. In der Pfalz: ebenda S. 153; v. Maurer, Einleitung S. 6 f. In Baden: Ausbreit. d. Frank. S. 153; v. Maurer, Markenverfassung 176 f. Im Westerwald und dem Gau Heigera: Ausbreit. d. Frank. S. 157 f.; Achenbach, Die Hauberggenossenschaften des Siegerlandes (1863); Bernhardt, Die Hauberswirtschaft im Kreise Siegen (1867); Haubergordnung f. d. Kreis Siegen, v. 17. März 1879 (Preuss. Ges.-Samml. 1879 S. 228 ff. Vgl. Aktenstücke des Hauses der Abgeordneten, 13. Legislaturperiode, 1878—79, Nr. 39, 139). In Hessen: Weistum von Rorbach (Grimm, Weistümer III, 329); K. Roth, a. a. O. 225.

völker angesehen werden darf[1]), ist das dem salischen Recht eigentümliche und von ihm in das deutsche Reichsrecht übergegangene Bodenregal. Dasselbe tritt schon Lex Salica Tit. 14 § 4 deutlich hervor: „Si quis hominem, qui migrare [2]) voluerit et de rege habuerit praeceptum et abbundivit in malum puplico, et aliquis contra ordinationem regis testare praesumpserit, 8000 din. qui faciunt solidos 200 culpabilis iudicetur". Die Wolfenbütteler Handschrift enthält dazu die malb. Glosse „alachtaco", d. h. Hofnehmer[3]). Die Stelle ist nur im Zusammenhange mit dem oben besprochenen Tit. 45 zu verstehen. Ein Gemeindeglied hat gegen die Zulassung des Ausmärkers den dreimaligen formellen Widerspruch erhoben und ihn darauf vor Gericht geladen. Im Termin produziert der Fremde ein königliches „praeceptum", welches ihn zu der Niederlassung ermächtigt. Damit hat er die Klage abgewiesen, der Kläger aber, falls er Widerspruch gegen die Urkunde erhebt, hat sein Leben verwirkt, wofern er sich nicht durch Zahlung seines Wergeldes freikauft[4]). Man hat diese Bestimmung auf königliche Rodungsprivilegien beschränken wollen, es ist aber selbstverständlich, dass sie auch bei dem „migrare super alterum" Anwendung finden musste, dass also die mit Genehmigung des Königs erfolgte Veräusserung eines Hofes an einen Fremden zulässig war und keinem Widerspruchsrecht der Nachbarn unterlag. An Beispielen solcher „praecepta regis" fehlt es nicht. Bekannt ist das dem heiligen Columban erteilte Niederlassungsprivileg Theodeberts II.: „Dedit ergo rex optionem, quacumque in parte voluisset experimento quaerere locum, qui sibi et suis placuisset" (Mabillon, Acta Sanctorum II, 25). Das Privileg lautete ganz allgemein, ohne dass Columban in in der Wahl auf unbewohnte Plätze beschränkt gewesen wäre. Interessant ist auch eine fränkische Urkunde von 889; ein gewisser Meginfried hatte von Ludwig dem Deutschen ein

---

[1]) Vgl. besonders das angeführte Werk von Laveleye (Bücher), Ureigentum. — [2]) Var. admigrare, alicubi manere, alicubi migrare. — [3]) Vgl. Kern bei Hessels, a. a. O. 473. Siehe auch oben S. 53. — [4]) Vgl. Sohm, Reichs- u. Gerichtsverfassung S. 60 ff. v. Bethmann-Hollweg, a. a. O. I, 470. Ueber die Unscheltbarkeit einer Königsurkunde vgl. auch Brunner, Das Gerichtszeugniss und die fränk. Königsurkunde (i. d. Festgaben für Heffter) S. 155.

Besitztum zu Beinerstadt im Grapfeld geschenkt erhalten und von da aus in der benachbarten Gemarkung von Trostadt eigenmächtig eine Rodung vorgenommen, die ihm nachträglich von Karl dem Dicken und sodann von Arnulf zugestanden wurde, obwohl Trostadt kein Krongut, sondern ein Gemeindedorf war[1]). Ganz ähnlich steht es mit der oft besprochenen Urkunde Karls des Grossen von 811 für Bennit[2]). Der Vater des letzteren, Amalung, hatte, weil er sich einem Aufstande seiner Landsleute nicht anschliessen wollte und dem Könige die Treue bewahrte, aus dem Lande weichen müssen und hierauf versucht, sich in einem hessischen Dorfe unweit der Grenze niederzulassen, aber bei der zum Teil aus Sachsen bestehenden Gemeinde keine Aufnahme gefunden: „Relinquens locum nativitatis suae, veniens ad nos, et dum in nostro esset obsequio, venit ad villam cuius est vocabulum Vulvisangar, quam tum temporis Franci et Saxones inhabitare videbantur, cupiens ibi cum eis manere, sed minime potuit"[3]). Darauf war er nach einem anderen Dorfe, zwischen Weser und Fulda, gezogen und hatte dort im buchonischen Walde durch Rodung ein Besitztum gewonnen, welches nach seinem Tode seinem Sohne Bennit zufiel. Dem letzteren, der dasselbe von Todes wegen auf das Kloster Fulda zu übertragen wünschte, erteilte der Kaiser auf seine Bitte durch ein „praeceptum" die nachträgliche Genehmigung: „ut nullus fidelium nostrorum .... prefatum Bennit vel heredes illius de hoc proprio, quod in lingua eorum dicitur bivanc, expoliare aut inquietare ullo modo

---

[1]) Dronke, Cod. dipl. Fuld. Nr. 631: proprietatem sibi traditam a Ludovico rege in loco qui dicitur Beinerestat et ab his locis legitimis captam capturam in Drossestat, quam etiam iniuste praepeditam sibi postea coram imperatore Carolo in suam requisivit potestatem. Vgl. unten. Ueber Besitzungen anderer Personen in Trostadt vgl. ebd. Nr. 124, 127, 157 f., Tradit. Fuld. c. 39 Nr. 28. — [2]) Ebd. Nr. 261. — [3]) v. Inama-Sternegg, a. a. O. 93 Anm. 4 scheint aus dem Worte „obsequio" zu entnehmen, dass Amalung schon für Wolfsanger ein königliches praeceptum migrandi besessen habe, welches hier aber ohne Wirkung geblieben sei. „Obsequium" bezieht sich aber nur auf Amalungs persönliches Verhältniss zu dem Könige, nach Wolfsanger war er gleich seinem Schicksalsgenossen Hiddi auf eigene Gefahr gegangen und darum unterlagen beide den Bestimmungen des salischen Rechts. Vgl. S. 58 Anm. 1.

presumatis, sed liceat . . . ei per hoc nostrum preceptum ipsam
terram, quantumcunque pater illius proprisit et ei in hereditate
demisit, tenere atque possidere." Man erkennt deutlich, dass
man hier wie in dem Falle von Trostadt nicht in der Rodung,
sondern in dem praeceptum regis den eigentlichen Rechtsgrund
für den Eigentumserwerb erblickte[1]). Hätte dies nur von der
Niederlassung in herrenlosen Oedungen gegolten, so könnte man
sich dafür auf den bekannten in das deutsche Reichsrecht über-
gegangenen Satz des fränkischen Rechts berufen, wonach alles
herrenlose oder dem Feinde abgenommene Land als Eigentum
des Königs galt[2]). Aber die Lex Salica Tit. 14 § 4 und das
Beispiel von Trostadt, womit man das Privileg für Columban
und Karls d. Gr. praeceptum v. J. 795 für den Johannes[3]) ver-
binden mag, zeigen, dass auch Gemeindedörfer das praeceptum
regis zu respektieren hatten; der Widerspruch der Gemeinde
und jedes einzelnen Gemeindegliedes gegen das „migrare
super alterum" wie gegen den Anbau in der Almende kam
dem gegenüber in Wegfall[4]). Derartige Eingriffe in die Privat-
rechtssphäre lassen sich aus einem blossen Schutzrechte des
Königs nicht erklären[5]). Man kann sich unmöglich der Ein-

---

[1]) Dies hat Beseler, Neubruch S. 19, übersehen. — [2]) Vgl. Waitz,
Verfassungsgeschichte II², 239 f. 615 ff. IV, 115 ff. VIII, 254 ff. Roth,
Beneficialwesen 68 ff. 74 f. 79. Maurer, Einleitung S. 112 ff. Arnold,
Ansiedlungen und Wanderungen 160. 210. 557. Thudichum, Gau- u.
Markverfassung S. 133 f. Beseler, Neubruch S. 15 ff. Gierke, Genossen-
schaftsrecht I, 58 ff. v. Inama-Sternegg, a. a. O. 93. 281 f. Stobbe,
Handb. d. deutsch. Privatrechts II. 1, S. 149 f. Vaissete, Hist. de Langued. II,
preuves Nr. 20 (v. 812). Franklin, Sententiae curiae regiae Nr. 63, 66.
Ueber das Recht am eroberten Lande vgl. Stumpf, Acta imperii inedita
Nr. 32, 45, 58, 112, besonders auch die Königsschenkung Form. Rozière
Nr. 142: duobus fidelibus nostris de Saxonia . . . . duas villas iuris nostri
trans Albiam fluvium in pago illo constitutas . . ., eiectis inde Sclavis, ad
proprietatem concedimus et de iure nostro in illorum ius ac potestatis
more solemni transferimus discretionem. Siehe noch meine Niederländischen Kolonien S. 21. Ueber das Strassen-, Strom- und Strandregal
vgl. Waitz, a. a. O. IV, 114 f. VIII, 302. L. v. Maurer, Einleitung
S. 118—121. — [3]) Vaissete, a. a. O. Nr. 12. — [4]) Dies ist auch in
das ribuarische Recht übergegangen. L. Rib. Tit. 60 § 3: Si autem
infra testamentum regis aliquid invaserit . . . ., cum 60 solidis omnem
redditionem restituat. — [5]) So v. Inama-Sternegg, a. a. O. 92 f., obwohl
derselbe S. 94 wenigstens für Gallien, also die ursprüngliche Heimat der
Lex Salica, die Entstehung aus dem Königseigentum zugibt.

sicht verschliessen, dass der König über das Gemeindeland als Eigentümer verfügte und dass die Gemeinde nur ein abgeleitetes Recht hatte.

Die rechtliche Stellung der Gemeinden war also die, dass sie ein Nutzungsrecht zu gesamter Hand besassen, das Eigentum aber dem Könige zustand. Die beste Illustration für dies Verhältniss gewähren die schon bei früherer Gelegenheit von mir besprochenen Weistümer von Kenne und Sandhofen [1]). Das Dorf Kenne an der Mosel, im Triergau (einem Untergau des Bietgaues) gelegen, war im Jahre 893 von König Arnulf an St. Maximin geschenkt worden. Nach einem Güterverzeichniss aus dem dreizehnten und einem Weistum aus dem vierzehnten Jahrhundert [2]) war die ganze Feldmark Eigentum des Stifts, die Huber hatten nur Leiherecht; das Stift besass im Dorfe einen Herrnhof, von dem aus die „Selgüter" bewirtschaftet wurden. Wer Jahr und Tag Feuer und Rauch im Dorfe gehabt hatte, erwarb das Gemeinderecht. Die Feldgemeinschaft umfasste nicht mehr die ganze Gemeindeflur; ein Teil war bereits im dreizehnten Jahrhundert zu dauernder Kultur ausgeschieden und an die einzelnen Huber gegen festen Zins zu Sonderrecht ausgetan. Das übrige Land zerfiel in sieben fest abgegrenzte „Rottfluren", von denen jährlich eine unter die Huber zur Ackernutzung verteilt wurde; die einzelnen Loose waren gleich gross; das Stift erhielt von jedem Loose die siebente, seit dem vierzehnten Jahrhundert die fünfte Garbe; diese Abgabe, neben der noch der Zehnte zu entrichten war, hiess „medem". Das Dorf Sandhofen im Lobedengau, nördlich von Mannheim, gehörte nach dem Weistum von 1527 (Grimm I, 457 ff.) dem Kloster Schönau: „das wasser und weide und vogel geweide der herrn von Schonawe eigen ist und der gemeind richlichen almende". Auch hier unterschied man zwischen dem gegen festen Zins an die einzelnen ausgethanen Lande und der „gemeinen alment"; dass diese Unterscheidung aber keine ursprüngliche war, geht aus einer Bestimmung hervor, kraft deren alles nicht mindestens jedes dritte Jahr gedüngte Land wieder an die Gemeinde zurück-

---

[1]) Siehe Ausbreitung der Franken S. 151 f. 153. — [2]) Das Güterverzeichniss bei Beyer, Mittelrhein. Urk.-B. II, 430 ff. Das Weistum bei Grimm VI, 545 ff. Ein Weistum von 1409 ebd. II, 310 ff.

fallen sollte (a. a. O. 462). Ein Teil der Almende war ewige Weide, ein anderer Teil (die Hart) diente abwechselnd als Wald und als Ackerland. Jährlich am St. Georgstage (23. April) kam ein Stück zur Verteilung („ob sie gross wöchs und derselb busch acker wurde"), wobei jeder Nachbar (nachgebawer) acht Tagwerke erhielt[1]); es gab aber auch halbe Loose, während der Herrnhof ein doppeltes Loos bekam. Von seiner Ernte hatte jeder den Grundherren „ir teil" abzuliefern, wofür dieselben einen eigenen Aufseher als „teilwerter" bestellten. Wer in die Gemeinde aufgenommen werden wollte, musste von derselben die „gebawerschaft kaufen". Bei Veräusserung eines Hofes hatte die Herschaft das Abtriebsrecht. Das Gesamtrecht der Nachbarn äusserte sich besonders in folgender Bestimmung: „Wer es, das das dorf verhergt wurde oder verstort, das die armen leut hinwegk zügen von gewalt wegen oder von eigen willen, also das nit mehe dann drei da bliben, und wann dieselben drei hausgesind den herren ir kornbede geben und iren frondienst geteten ....., so sollent sie recht han zu aller der alment und des dorfs rechten, als ob ir viel werent, und daran ensollen sie die herren nit engen oder irren."

Ob der „Teil", den die Grundherren von Sandhofen von den Früchten der Almendäcker erhielten, ebenfalls Medem hiess und sich auf ein Siebentel oder ein Fünftel belief, ist nicht angegeben. Dass er aber dieselbe Bedeutung hatte wie der Medem von Kenne, bedarf keines weiteren Beweises. Eben diese Medemabgabe ist für das ganze von den Chatten eingenommene Gebiet charakteristisch und beweist besser als alles andere für die Uebereinstimmung der Bevölkerung von der Saar bis zur Weser[2]). Dem Gebiete des Medems gehören, indem wir von Westen nach Osten vorgehen und uns auf zahlreiche Quellenangaben vom zehnten bis zum siebzehnten Jahrhundert stützen[3]), folgende Gaue an: 1. südlich der Mosel

---

[1]) Hier hatten also die einzelnen Loose eine bestimmte Grösse und der Umfang des in Angriff zu nehmenden Waldlandes richtete sich nach der Zahl der Teilhaber (pro numero cultorum), während in Kenne umgekehrt die Grösse der Wechselfelder feststand und die Loose je nach der Zahl der Teilhaber bald grösser bald geringer ausfielen. —
[2]) Vgl. oben S. 25. 43 f. — [3]) Ich citiere dieselben nach meiner früheren

der Saargau¹), Triergau²), Nahegau³), Wormsfeld⁴), Hundsrück⁵) und Trechbere⁶); 2. nördlich der Mosel der Bietgau⁷),

Zusammenstellung, Ausbreit. d. Franken S. 151—164, und füge nur die mir seither bekannt gewordenen Belege hinzu. — ¹) Taben (Ausbr. 152), Fitten (160), Weiten (161). Dazu Weistum von Liesdorf (südl. v. Saarlouis) v. 1458 (Grimm II, 16): „da einige rodder binwend dem ban gerot werden, dass man eim abt (von Wadgassen) davon geben sol das landrecht." Weistum von Orschholz v. 1560 (ebd. 73): „Wer der herren siebent steihet, der ist meier und gerichten ein sester weins schuldig, dass sie ihme sagen sollten, wohe dieselbe siebent sich kehret und wendet." Hier steht „siebent" für Siebentland, wie zuweilen Medem für Medemland. Vgl. Ausbreit. 154. — ²) Grafschaft Trier (Ausbr. 158 ff.), Throneck (156), Mandern (157), Ockfen und Waldrich (162), Casel (160), Wiltingen (165 Anm. 4), Kenne (oben S. 65). Dazu Weist. v. Losheim von 1599 § 17 (Grimm VI, 461): „erkennen ........ herrn abten zu St. Maxmein vur einen rechten grund- und gerichtsherrn uf und in allen erbschaften der zins- und medombgueter, es seien büsch oder wüld." Weistum von Cerf § 5 (Grimm VI, 515 f.): „Auch wisent sie, wo daz land die siebende giebet, da ist die busse mins heren von Triere ... und des probstes zu sente Pauline." In Losheim und Cerf bestehen noch heute Gehöferschaften mit Feldgemeinschaft an den Wildländereien. Vgl. Hanssen, Agrarhistor. Abhandl. S. 101, 105, 109. — ³) Katzenbach (Ausbr. 153), Idarwald (160). Dazu Weistum von Mörscheid v. 1510 (Grimm II, 139): „were sach, das frevel im hinderwalt fielen...., wanne ire gnedigen hern von Sponheim den frevel haben, so sollen sie den den wildgraven wie den sihenden teilen." Loersch, Ingelheimer Oberhof Nr. 92 (1442): der Abt von Sponheim klagt vor den Schöffen daselbst gegen Junker Hermann vom Walde, „das er guder habe, die da lantrecht geben daz sesteteil." Beklagter: „sie haben gutere, die sin von eren altern in eine fromde hant kommen, darnach widder in ere hant, das daz sesteteil in drissig jaren nie geben si oder nue und auch nie erfordert si worden mit gericht oder mit recht." Kläger: „er habe ein zinsbuch, da die lantrecht und ander zinse inne sten." Es wird auf Beweis erkannt. — ⁴) Ramsen (Ausbr. 162). — ⁵) Hochgerichtsweistum von Berncastel v. 1315 (Grimm VI, 766): „Vortme so hait er eine aichte (d. i. Fronfeld); wanne dat er sie dut winnen, so git man den luden den samen und brodes genug. were, dat anders iment winne die aichte, der gebe die siebende garbe." — ⁶) Wiebelsheim (Ausbr. 156). — ⁷) Wulferscheid und Gondenbret (Ausbr. 154), Manderscheid und Orenhofen (155), Landscheid (156), Ehrang, Killwald, Roscheid und Pölich (160), Birkscheid, Cröver Reich und Platten (161), Rommersheim (162). Dazu Beyer, Urk.-B. z. Gesch. d. mittelrhein. Territorien I, 713 Nr. 657 (um 1160): Erzbischof Hillin von Trier schenkt dem Kloster Himmerode sein Allod Stuffelberg „et omnem fructum inde interim provenientem, garbagiam videlicet et decimam, i. e. quintam garbam a quibuslibet terram ipsam quoquo modo colentibus."

das Meinfeld[1]); 3. südlich des Mains der Lobedengau (mit Sandhofen); 4. nördlich des Mains Wettereiba[2]), Lahngau[3]), Engersgau[4]), Heigera[5]) und Hessengau[6]). Die Grenze fällt genau mit derjenigen zusammen, die wir oben (S. 43f. 46f.) für das Geltungsgebiet des salischen Rechts in Deutschland gewonnen haben: die Grenze gegen Ribuarien wird nirgends überschritten[7]). Die Abgabe führt in allen diesen Gebieten übereinstimmend den Namen medem oder medeme, auch meden, später häufig medum[8]); daneben begegnet terragium oder landrecht[9]), herrenrecht[10]), garbagia[11]), siebente garbe[12]), sechste garbe[13]), fünfte garbe[14]), septima pars, siebente teil[15]), der siebente[16]) oder schlechthin „ir teil," d. h. der Anteil der

---

[1]) Karden (Ausbr. 154), Kerlich (155), Ursfeld (161). — [2]) Lichtenscheid (Ausbr. 164). Dazu L. Diefenbachs Mitteilungen aus den Archivalien der Stadt Friedberg (Archiv f. hessische Geschichte XIV, 513): „3 β geben vor holz madems." — [3]) Brungershausen, Ockershausen, Fleckenbühl, Rod, Wenkbach und Argenstein (Ausbreit. 164). Dazu Brinckmeier, Glossar. dipl. II., Nachtrag S. 14: Landgraf Heinrich von Hessen verzichtet zu Gunsten des Klosters Caldern auf einen Wald, „reservato nobis tantummodo iure nostro quod dicitur willpant, et si dicta silva excolitur et novatur, ut fint frugifera, medema nobis cedat." Hessisches Urk.-B. I, 171 Nr. 219 (1265): Vergleich des deutschen Hauses zu Marburg mit Landgraf Heinrich und seiner Mutter Sophie „super collectione vel receptione fructuum terrarum de novo ad culturam redactarum, qui teuthonice medemme dicuntur, et super decimis eorundem", dahin dass der Orden die zur Zeit in seinem Besitze befindlichen Rechte dieser Art behält, im übrigen aber die Gegenpartei „de omnibus terris, que in posterum ad culturam redigentur, pacifice ulterius retinebunt." — [4]) Spurginberger Wald (Ausbreit. 162 f.), Nassau ottonische Linie (163). Dem letzteren gehören die Hauberggenossenschaften des Sieger Landes an. — [5]) Heiger (Ausbr. 163). — [6]) Breidenbach (Ausbr. 163). — [7]) Ich habe früher (Ausbreit. 167) irrtümlich angenommen, dass Gondenbret und Rommersheim bereits dem ribuarischen Gebiete angehören, die Abtei Prüm war aber noch salfränkisch. Siehe oben S. 46 Anm. 4. — [8]) Ueber die Bedeutung und die vorkommenden Variationen vgl. Ausbreitung S. 164 f. Waitz, Verfassungsgeschichte VIII, 365 Anm. 6. — [9]) Vgl. S. 67 Anm. 1, 3. Ausbreit. 157, 165 Anm. 4. — [10]) Ausbreit. 157. Es bildet einen Teil des „salicum ius," des herschaftlichen Forstrechts, ius forestarium, lex forestalis (ebd. 160), wiltrecht (161). — [11]) S. 67 Anm. 7. — [12]) Auch septima gerba, septima gelima, septimus manipulus, septimus sextarius, siebent seil S. 67 Anm. 5. Ausbreit. 151 Anm. 3, 154 ff., 160, 162. — [13]) Ausbreit. 153. — [14]) Ebd. 151. — [15]) Ebd. 160 ff., 164. — [16]) S. 67 Anm. 1—3.

Herren (s. S. 66). Weit überwiegend beläuft sich der Medem auf den siebenten Teil der Ernte; dies gilt von den Mosellanden ebenso wie von der Pfalz und von Hessen[1]), schon eine Trierer Urkunde von 1084 (Ausbreitung S. 159) definiert: „est autem medena septena de agris." Wo eine grössere Quote verlangt wird, z. B. die sechste Garbe in Sponheim (S. 67 Anm. 3) und Taben (Ausbreitung S. 153), die fünfte in Stuffelberg (S. 67 Anm. 7), die vierte oder gar die dritte in Katzenbach und manchen hessischen Orten (Ausbreitung S. 153, 164 Anm. 5), da erklärt sich dies aus einer späteren Erhöhung des Zinses, wie dies für Kenne und Waldrich bezeugt ist[2]), oder aus einer Verschmelzung mit dem Zehnt[3]), der sonst regelmässig (auch der Novalzehnt) neben dem Medem entrichtet und strenge von diesem unterschieden wurde. Umgekehrt fand nach dem Weistum von Manderscheid von 1506 (Ausbreit. 155), wenn ein Bauer Rottland dauernd bewirtschaftete, in jedem Jahre, wo er dasselbe düngte, eine Ermässigung des Siebenten auf den Zehnten statt; in Ursfeld (Ausbreit. 161) war der Medem, wie es scheint, dauernd zu einer Nona ermässigt worden. Eine noch grössere Neuerung war es, wenn der Medem in Gondenbret (ebd. 154) die Gestalt eines festen Zinses, „ein morgen vor ein medumbsgarb," angenommen hatte; auch in Friedberg in der Wetterau (S. 68 Anm. 2) scheint dies der Fall gewesen zu sein. Sonst wurde der Medem als Ertragsquote von dem festen Zins (tributum) stets scharf unterschieden, ebenso das Medemgut vom Zinsgut oder Hofgut. Die mittelalterlichen Quellen zeigen den Medem weit überwiegend als Abgabe für Rottland, das jemand vorübergehend in Kultur genommen hat, seinen eigentlichen Boden bildet aber unverkennbar nicht jedes beliebige, sondern das in Feldgemeinschaft befindliche Rottland, welches Eigentum eines Grundherrn (daher „Fronfeld", „Achte", mehrfach auch „Salland", „terra salica") und Almende (als Leihe zu

---

[1]) Ramsen (Ausbreit. 162), Breidenbach (163 f.), Ockershausen (164 Anm. 3). — [2]) Ueber Kenne vgl. oben S. 65. In Waldrich (Ausbr. 162) trugen die Wildländereien nach wie vor den Siebenten, die Weinberge dagegen die dritte Bürde. — [3]) In Pölich entrichteten die meisten Weinberge Siebenten und Zehnten, einige statt beider den Fünften, einer ebenso den Dritten. Ausbreit. 160.

gesamter Hand) der Bauerschaft ist¹). Wie die ursprünglich alles Feld umfassende Almende mehr und mehr durch Ausscheidung dauernden Kulturlandes geschmälert und durch diese fortgesetzte Abbröckelung einzelner Stücke die Feldgemeinschaft schliesslich auf die Wildländereien beschränkt wird²), so verliert dem entsprechend auch der Medem vielfach an Boden, indem er bei dem in dauernde Kultur genommenen Lande in einen festen Zins oder auch wohl in einen Zehnt umgewandelt wird³). Allgemein ist dies aber keineswegs der Fall gewesen, oft sind auch Kulturländereien und insbesondere Weinberge mit dem Medem belastet⁴) und bleiben es, selbst wenn sie durch Veräusserung in andere Hände übergehen. So erklären sich die medempflichtigen Güter im Besitze von Kirchen, Klöstern und weltlichen Herren⁵), während allodiale Besitzungen ausserhalb des Gemeindever-

---

¹) So in Kenne und Sandhofen (oben S. 65 f.), in Cerf und Losheim (S. 67 Anm. 2), den nassauischen Haubergsgenossenschaften (S. 68 Anm. 4), Taben (Ausbr. 153), Gondenbret (154), Kerlich (155), Wiebelsheim und Throneck (156), Fitten (160), Wald Birkscheid und Cröver Reich (161). Man darf annehmen, dass die meisten auf den Medem bezüglichen Quellen nur Rottländereien im Gemeindegenuss im Auge haben. — ²) Lehrreich in dieser Beziehung ist namentlich Sandhofen (oben S. 65) und Gondenbret (Ausbreit. 154). Vgl. auch Hanssen, Agrarhistor. Abh. 100 ff. — ³) So werden in Gondenbret dem neuen Ansiedler durch den Hofschultheissen des Abtes von Prüm auf dem Fronfelde 15 Morgen Zinsland ausgemessen, womit er ausdrücklich beliehen wird, an dem übrigen Fronfelde tritt er als „Gehöfener" in das Gemeindenutzungsrecht gegen den hier freilich schon fixierten „meddem". Ausbreit. 154. Ueber Waldrich vgl. oben S. 69 Anm. 2. Ueber Manderscheid oben S. 69. In Trier unterschied man bei einem Vergleiche von 1084 (Ausbreit. 159) bereits: „Est autem medena septena de agris, tributum vero census statutus de vineis." — ⁴) Waitz, Verfassungsgeschichte VIII, 366 hat dies übersehen. Vgl. Waldrich und Pölich (S. 69 Anm. 2, 3), ferner Platten (Ausbreit. 161), wo noch nach einem Weistum von 1679 „medumb an korn und trauben" entrichtet wurde. Das Weistum von Manderscheid von 1506 (ebd. 155) kennt den Medem auch bei den auf längere Zeit in Kultur genommenen Ländereien und lässt nur für die Jahre, wo gedüngt wird, eine Ermässigung eintreten. In Welten (161) besass St. Maximin drei Wiesen, von deren einer der Zehnte, von den beiden anderen der Siebente entrichtet wurde. Auch die S. 71 Anm. 2 angeführten Urkunden v. J. 1084 und 1101 bezogen sich wohl schon auf Kulturländereien. — ⁵) Vgl. S. 71 Anm. 2. Siehe auch oben S. 53 Anm. 1.

bandes dem Medem an sich niemals unterworfen sind [1]); so erklärt sich aber auch das Bestreben solcher Besitzer, sich der ihnen widerwärtigen bäuerlichen Last durch Ablösung oder sonstwie zu entziehen [2]). Damit haben wir den Schlüssel für das allmähliche Verschwinden des Medems, der ursprünglich offenbar eine allgemeine, auf sämtlichen Gemeindefluren des Chattenlandes ruhende Abgabe gewesen ist. Das älteste Zeugniss ist eine Urkunde Ludwigs des Kindes v. J. 902 für das Erzstift Trier [3]), durch welche er demselben eine Reihe von Regalien in Stadt und Grafschaft Trier einräumt, die bisher dem Grafen zugestanden hatten: „de comitatu ad episcopatum cum omni integritate convertimus et de nostro iure ad partem et potestatem S. Petri reddidimus eiusque dominio .... mancipavimus, precipientes obnixe, ut omnia hec, sicut comiti solvebantur, sic a die presente deinceps in perpetuum in potestate maneant pontificis.". Den Gegenstand dieser Zuwendung bildeten Münze und Zoll, ferner die Zinse (tributa) von den Klöstern, Dörfern und Weinbergen und die „medema agrorum" aus Stadt und Grafschaft. Es handelte sich diesmal nur um eine Restitution, das Erzstift hatte dieselben Rechte früher schon einmal besessen, aber unter Erzbischof Wiomad (753—791) wieder an den Grafen [4]) verloren. Von welchem Könige die erste Verleihung erfolgt war, erfahren wir nicht, dass es sich aber um ursprünglich staatliche Rechte handelte, ergibt sich aus der Zusammenstellung mit Münze und Zoll. Erst durch die königliche Verleihung verlor der

---

[1]) Vgl. die beiden Urkunden v. 1234 und 1239, den Wald Birkscheit betreffend, Ausbreit. 161, wo die Rodungen des Klosters Himmerode für medemfrei erklärt werden, „cum fundus eiusdem proprius sit eorum." — [2]) So vergleicht sich 1084 das Trierer Domkapitel mit St. Maria dahin, dass gegen Abtretung eines Teils seiner medempflichtigen Güter der Rest von der Abgabe befreiet wird (Ausbreit. 159). Einen ähnlichen Vergleich v. 1101 mit einem Priester s. Beyer, Urk.-B. d. mittelrhein. Terr. I, 461 Nr. 404. Auch der oben S. 68, Anm. 3 angeführte Vertrag des Landgrafen von Hessen mit dem deutschen Hause war offenbar dadurch veranlasst, dass das letztere medempflichtige Grundstücke erworben hatte und nun Befreiung beanspruchte. Dem Abte von Sponheim wurde von dem Junker vom Walde (S. 67 Anm. 3) die Entrichtung des Medems mit Berufung auf Verjährung verweigert. — [3]) Beyer, Urk.-B. I, 210 Nr. 150. Ausbreitung S. 158 f. — [4]) Urk. v. 1084 (Ausbreit. 159): in regium fiscum.

Medem den Charakter des Regals, er wurde zu einem einfachen grundherrlichen Rechte, das auch weiterverliehen und geteilt werden konnte. Diesen grundherrlichen Charakter hat die Abgabe in allen übrigen uns zu Gebote stehenden Quellen, oft gehört sie mehreren Herren gemeinschaftlich, aber hier und da tritt die ursprüngliche fiskalische Natur doch noch hervor: so im Cröver Reich, wo der Reichslandvogt wenigstens noch ein Drittel des Medems bezog [1]), und in Hessen, wo der Medem ein landgräfliches Recht gewesen zu sein scheint [2]). Da unsere Zeugnisse, abgesehen von den angeführten trierischen Urkunden, nicht über das dreizehnte Jahrhundert zurückgehen, so haben wir nur ein späteres Entwickelungsstadium vor Augen, das durch das Feudalwesen herbeigeführt war; wie Münze und Zoll, so haben wir auch den Medem in seiner ursprünglichen Gestalt für ein königliches Hoheitsrecht zu halten, das auch ausserhalb der Grafschaft Trier erst durch königliche Verleihungen in andere Hände übergegangen ist. Eine völlige Parallele zu dem Trierer Privileg von 902 gewährt eine Urkunde Ludwigs des Deutschen von 856 für Worms, in welcher er dem Bischof übertrug: „quasdam res iuris regalis infra Wormatiam civitatem, monetam ad integrum et modium regis quod vulgari nomine stuof-chorn appellatur," ferner Zölle und Friedensgelder; und nicht minder ein Privileg Childerichs II. für Speier, 782 von Karl dem Grossen bestätigt, welches die dortige Kirche von Heerbann- und Friedensgeldern und der „stopha" befreiete [3]). Gewisse Erwerbungen der Abtei St. Arnulf zu Metz befreiete Lothar II. 857 „ab omnibus publicis exaccionibus..., id est a persolutione stofae et hostili expeditione" [4]). Im Jahre 912 schenkte Konrad I. dem Stift zu Weilburg „in pago Logenehe in comitatu Ottonis.... in omni comitatu terciam partem modiorum regis" und ebenso 914 „in pago Heigera.... mercatum ac terciam partem modiorum regis in eodem pago vel comitatu" [5]). Es ist doch kaum denkbar, dass in allen diesen Gegenden neben dem Medem in Gestalt des Königsscheffels (stopha, stuofchorn) noch eine zweite

---

[1]) Ausbreit. 161. — [2]) Vgl. S. 68 Anm. 3. — [3]) Vgl. Waitz, a. a. O. II², 561 Anm. 1. IV, 98 f. VIII, 291. Arnold, Verfassungsgeschichte der deutschen Freistädte I, 20 f. — [4]) Histoire de Metz III. Preuves S. 30. — [5]) Dipl. Konradi I. Nr. 13, 19 (Mon. Germ. Dipl. reg. I, 13, 18).

Getreideabgabe an den König bestanden haben sollte. Ich zweifle nicht, dass modius regis, stuofchorn und stopha nur eine andere Bezeichnung für den Medem waren. Dagegen erscheint die ostfränkische steora oder ostarstuopha [1]) nach Inhalt und Lieferungszeit als eine Abgabe anderer Art, die wahrscheinlich von der thüringischen Zeit her zurückgeblieben war [2]); vielleicht dass eben wegen dieser Abgabe der Medem in Ostfranken keinen Eingang gefunden hat, wenigstens ist es mir bis jetzt nicht gelungen, denselben dort aufzuspüren.

Sehr wichtig ist es, die Ausdehnung des Medems nach Westen hin zu ermitteln, weil dadurch bestimmter als durch alle sonstigen Zeugnisse der Zusammenhang der Chatten mit den salischen Franken erwiesen werden kann. In dem Bruderwald bei Lenningen, nördlich von Remich, und einem Walde bei Körich, nordwestlich von Luxemburg, also in dem Methingau und dem pagus Alsencensis, Untergauen des pagus Wabrensis, stand schon im Jahre 980 dem Trierer Domkapitel der Medem („medena") zu [3]). Derselben Gegend gehörte das Schloss Wilz an, dessen Besitzer, die Grafen von Wilz, noch 1631 ein freilich sehr zusammengeschmolzenes „Fronland" gegen „Entrichtung des Landrechts und Zehenden" zur Rodung und Ackernutzung austhaten [4]). Ausserdem war in einem grossen Teile Luxemburgs, Belgiens und Nordfrankreichs die „Loi de Beaumont" rezipiert, welche Erzbischof Wilhelm von Reims 1182 dem aus dem französischen Kriege bekannten Städtchen Beaumont südlich von Sedan erteilt hatte [5]). Dieselbe bestimmte § 4: „In terra, quae iam culta est, de duodecim gerbis duas habebimus; in terra vero, quae in nemore extirpatur, de quatuordecim gerbis tantum duas accipiemus." In der fran-

---

[1]) Vgl. Waitz, a. a. O. II², 560. IV, 98. VIII, 368. Dipl. Heinr. I. Nr. 6 v. 923 (Mon. Germ. Dipl. regum I, 44). — [2]) Karl d. Gr. schenkte i. J. 781 der Abtei Hersfeld „omnem decimationem in Thuringia." Als später der Erzbischof von Mainz „circa episcopalem servitutem" gegen Hersfeld klagte, wurde durch Zeugen bewiesen, „quod steuram et decimam porcorum semper vidissent ad illud praefatum monasterium .. Herolvesfeld .. dare," worauf beide Teile sich dahin verglichen, „quod quarta pars de decimis frugum canonice inopibus daretur episcopi." Wenck, Hess. Landesgeschichte II., Urk.-B. S. 24 Nr. 17 (845). — [3]) Ausbreitung S. 159 Anm. 4. — [4]) Ebd. 157. — [5]) Coutumes des pays, Duché de Luxembourg et Comté de Chiny, I S. 5 ff.

zösischen Uebersetzung aus dem dreizehnten Jahrhundert[1]) wird diese Abgabe als „disme" bezeichnet. Wir erkennen in ihr den Medem fast noch in seiner ursprünglichen Gestalt, indem er ausser den Rottländereien auch noch das bereits dauernd ausgeschiedene Ackerland belastet, nur dass er für das letztere von dem Siebenten auf den Sechsten erhöht ist. Das Geltungsgebiet der Loi de Beaumont[2]) umfasste eine sehr grosse Zahl von Orten in der nördlichen Champagne, Lothringen und Luxemburg, das Gebiet der Argonnen und Ardennen, von den Gauen Virdunensis, Odornensis, Scarponensis und Dulmensis im Süden bis zu Arduenna und Condrustensis im Norden. Dem schliesst sich eine Schenkung des „Andreas dominus Vitreii" an, welcher der Abtei Savigny[3]) „omne ius quod habebat in foresta, videlicet herbagium, pasturam, .... septimagium" zuwendete[4]). Wir werden diese Urkunde ebenfalls auf die Champagne beziehen dürfen, wo sich, im Departement Marne, fünf Vitry (Vitreius) finden[5]). Unsere Abgabe war in ganz Frankreich und Belgien verbreitet und führte dort die Namen agrarium, terragium, tiérage, garba, gerbagium, araticum, campipars, champart[6]). Trotz aller Wandelung durch das Feudalsystem zeigt sich noch deutlich, dass die Abgabe von Hause aus keinen ausschliesslich grundherrlichen, sondern einen hoheitrechtlichen Charakter hatte[7]). Die Höhe

---

[1]) Ebd. S. 13 ff. — [2]) Ebd. S. 24—46. — [3]) Ob an das Kloster Savigny bei Lyon oder an das in der Normandie (Diözese Abrinca, Avranches) zu denken ist, mag dahingestellt bleiben. — [4]) Du Cange (ed. Henschel) VI, 193. — [5]) Vgl. Guérard, Polyptique de l'abbaye de St. Remi de Reims S. 143. — [6]) Vgl. die Citate in meinen Untersuchungen S. 487 Anm. 2. Guérard, Cartulaire de St. Père de Chartres I S. CLIII. Derselbe, Polyptique d'Irminon II, 374. 388. Hist. monaster. Viconiensis (Mon. Germ. Scr. XXIV, 303) heisst es um 1202 von Abt Rodulf: „in emptione terrarum et terragiorum atque decimarum et aliorum redituum ... plus quam sex mille libras expendit." Zahlreiche Citate bei Lamprecht, Beiträge z. Gesch. d. franz. Wirtschaftslebens S. 62 f. — [7]) Vgl. Guérard, Cart. de St. Père II S. 461 (1109). Beaumanoir, Coutumes du Beauvoisis (her. v. Beugnot, Paris 1842) c. 30 § 29 (I S. 420): „Chil qui a le campart en autrui treffons, toute la justice et le segnorie apartient a lui par nostre coustume, et qui ne fet de son campart che qu'il doit, il quiet en soixante saus d'amende, et si doit rendre le campart." Man darf doch wohl auch die redditus terrae, auf die Theoderich II. zu Gunsten von St. Bertin verzichtete,

der Abgabe war sehr verschieden, in Flandern meist die fünfte Garbe[1]); doch ergibt sich aus der Loi de Beaumont und der Urkunde von Vitry, dass auch in den altsalischen Ländern der Siebente den Ausgangspunkt gebildet hat. Dazu stimmt, dass in dem Gebiete von Cambray das terragium auf 1 modius Korn und 1 modius Hafer für jeden Pflug Rottlandes, den Pflug zu 15 modii gerechnet, fixiert war[2]), was wieder in auffallender Weise an die in den östlichen Marken sowie in Schlesien und den preussischen Ordenslanden von dem Landesherrn als allgemeinem Grundherrn erhobene Abgabe erinnert[3]). Mag hier ein unmittelbarer Zusammenhang obwalten oder nicht, die rechtliche Grundlage war jedenfalls dieselbe, das Bodenregal des fränkischen Königs, das in den den Slaven abgerungenen Gebieten noch einmal zum vollen Ausdruck gekommen war[4]). An der Identität des chattischen Medems mit

---

hierher ziehen. Siehe Waitz, Verf.-Gesch. II², 585. Ueber die „stofa" zu Metz oben S. 72. — [1]) Vgl. de Smet, Recueil des chroniques de Flandre II. Urk.-B. S. 793, Nr. 54 (1186): die Abtei Ninive besass „censum et quintum manipulum agri qui iacet in parrochia de Herlinchoven," ferner die Hälfte des Dorfes Stritthem „quam dedit.. Willelmus per manus dominorum suorum in censum et quinto manipulo omnium fructuum qui excoluntur in agro et mansuris." Ebd. S. 952, Nr. 262 (1285): dieselbe Abtei erwirbt „quintam garbam et censum annuum ipsam concomitantem." Ebd. S. 956, Nr. 268 (1288): dieselbe kauft eine Besitzung in der Herschaft Outre; der Herr von Outre bekundet: „cum de septem iornariis vel circiter praedictae terrae quintam garbam nomine census haereditarii habuissem, dictus Gerardus (der Verkäufer) dedit mihi in concambium pro dicta garba unum iornarium etc. terrae arabilis ...., pro qua terra remisi dictam garbam." Aehnlich S. 961, Nr. 274 (1289). Siehe auch Warnkönig, Flandr. Rechtsg. III. Urk.-B. S. 35. — [2]) Stumpf, Acta imperii adhuc inedita (Reichskanzler Bd. III) Nr. 152 (1171). 199 (1196). — [3]) Ueber den so gestalteten „Zehnten" in Preussen und das „Herzogskorn" in Schlesien vgl. meine Niederländischen Kolonien S. 40 f. Untersuchungen S. 487 Anm. 5. Ueber das Markrecht (marhreht, marchmutte, marchfuoter) in der Mark Brandenburg, Meissen, Oesterreich und Steiermark vgl. Waitz, Verfassungsgeschichte VIII, 391 f. Schmeller, Bayer. W.-B. I², 1649. Lexer, Mittelhochd. W.-B. I, 2043. Haltaus, Glossar. S. 1317. Steiermärk. Landr., her. v. Bischoff, S. 122 ff. Besonders bemerkenswert ist Weistum von Romatschachen (Steiermark) a. d. fünfzehnten Jahrhundert, Oesterreich. Weist. VI, 164, 16: „Item seu geben auch dem landesfursten järlich marchfueter: ein ganzer hof der bemelten schäffel zwei, ain halber hof oder hueb halbs alsovil." — [4]) Vgl. S. 64 Anm. 2.

dem westfränkischen agrarium oder terragium lässt sich aber vollends nicht zweifeln, wenn man nur daran festhält, dass die in Westfranken dafür gebräuchlichen Ausdrücke nicht wie der Medem technische Bezeichnungen waren, sondern auf alle möglichen Teilwirtschaftsverhältnisse Anwendung fanden, auch wo diese aus ganz anderen Grundlagen entsprungen waren[1]).

Die Uebereinstimmung hinsichtlich des Medems, die wir für Belgien, die Champagne und die sämtlichen chattischen Lande feststellen konnten, beruht unverkennbar auf einer altnationalen Einrichtung aller salischen Franken. Das erste Zeugniss für dieselbe ist der bekannte Verzicht Chlothars I. auf die „agraria, pascuaria vel decimas porcorum" von den kirchlichen Besitzungen[2]). Besser als früher sind wir jetzt auch in der Lage, die Geltung des Medems zur Zeit Chlothars I. durch die Bestätigung Chilperichs nachzuweisen. Der berühmte zweite Satz des oben (S. 54) besprochenen Erbrechtsgesetzes beginnt nach einer glänzenden Konjektur Kerns (bei Hessels S. 409) nicht „Det illi," sondern „De tilli." Das Wort kommt her von ags. tilian tillan teolian, alts. tilian, altfries. tilia, fläm. tuylen, teulen, mittel-nd. und ndl. telen, engl. till, ahd. ziljan, mhd. ziln zilen zillen zilgen, erzeugen, bebauen, pflügen[3]). Es kann sowohl das Pflugland (mnd. tél, ahd. mhd. zelga, zelge) als auch die Feldfrucht (labor, messis, vgl. S. 53) bedeuten[4]); ich habe es früher in dem ersteren Sinne genommen, gebe nunmehr aber mit Kern der zweiten Bedeutung den Vorzug. Mit geringen Emendationen[5]) lautet die Bestimmung Chilperichs: „De tilli vero [et] convenit, (ut) singula de terras istas, qui si (l. sibi) adveniunt, ut leodis, qui patri nostro fuerunt, consuaetudinem [qua] habuerunt de

---

[1]) Vgl. u. a. Form. Marc. II, 36 (Rozière Nr. 161). Waitz, Verfassungsgeschichte II², 585 Anm. 3. — [2]) Chlothacharii I. constitutio a. 560, c. 11. Vgl. Untersuchungen S. 486. Waitz, Verfassungsgeschichte II², 583 ff. Hinsichtlich der pascuaria vgl. Gregor, de miraculis s. Juliani (Liber miraculorum II.) c. 17. — [3]) Vgl. die Citate Untersuchungen S. 489. Dazu Lexer, Mittelhochd. WB. III, 1114 f. Schmeller, Bayer WB II², 1117. Schiller u. Lübben, Mittelniederd. WB. IV, 520 f. Graff, Althochd. Sprachschatz V, 656. 659 f. — [4]) Wie mhd. urbor sowohl das zinstragende Grundstück als auch die Rente von demselben bezeichnet. Lexer, a. a. O. II, 2000. — [5]) Die eckigen Klammern bezeichnen was zu streichen, die runden was zu ergänzen ist.

hac re intra se, debeant," d. h.: „Ueber die Feldfrucht aber wurde bestimmt, dass sie (die vicini) von jenen Feldern, die ihnen zufallen, das einzelne so zu entrichten haben (debeant), wie die Leute, die unserem Vater untertan waren, in dieser Sache nach ihrem Rechte (intra barbaros) gewohnt gewesen sind." Wie in der verwandten Bestimmung des c. 10, so stellte Chilperich auch hier ein zur Zeit seines Vaters Chlothar I. anerkanntes Gewohnheitsrecht wieder her. Wir erkennen, dass es sich um eine Abgabe von dem Fruchtertrage der Gemeindefelder (vicinos habens), um das agrarium Chlothars I., handelte, das in der Zwischenzeit eine Erhöhung erfahren haben mochte und nun wieder auf den ursprünglichen Betrag, wohl auf den Siebenten, ermässigt wurde. Wir wissen, dass die Ackergelder, Weidegelder und Schweinezehnten, deren Chlothars I. Verordnung von 560 gedenkt, keine römische Einrichtung waren[1]). Wie der Medem so sind auch die Weidegelder und der Schweinezehnt (dehem) als deutschrechtliche Einrichtungen vielfach bezeugt[2]). In Gallien bildeten diese Abgaben, so lange die Besitzungen der römischen Provinzialen der römischen Grundsteuer unterlagen, einen Gegensatz zu dieser, der auch in Chilperichs Worten (leudes — — intra se) noch deutlich hervortritt. Erst mit dem Verfall der römischen Steuereinrichtungen hat das fränkische Grundabgabensystem in Neustrien sich auch auf die römischen Besitzungen ausgedehnt und wie das salische Recht überhaupt einen territorialen Charakter angenommen[3]). Im Zusammenhange mit dem Rechte des fränkischen Königs, jedermann die Niederlassung auf Gemeindeland zu gewähren, erscheinen der Medem und die mit demselben verbundenen Abgaben als die Gegenleistung der einzelnen Markgenossen für das ihnen zur Nutzung überlassene Land. Insofern sie in dem Grundeigentum des Königs wurzelten, hatten diese Abgaben einen grundherrlichen Charakter, einen staatlichen aber, insofern dies königliche

---

[1]) Vgl. Waitz, Verfassungsgeschichte II², 584. — [2]) Vgl. S. 73 Anm. 2. Waitz, a. a. O. II², 586 Anm. 3. 587 Anm. 3. IV, 95 Anm. 5. 106. VIII, 367. Register zu Grimms Weistümern S. 229. 331. Ueber die „gruerie" des Königs von Frankreich vgl. Warnkönig, Franz. Staats- u. Rechtsgeschichte II, 420. — [3]) Vgl. Waitz, a. a. O. II², 571. 575.

Grundeigentum nichts anderes als der Ausfluss eines allgemeinen, in dem fränkischen Staatsrecht begründeten Bodenregals war [1]).

Eben auf Grund dieses Bodenregals hat zwischen Franken und Römern keine Landteilung stattgefunden, die römischen Provinzialen behielten ihren Grundbesitz und ihre Grundsteuer [2]), alles römische Staatsgut aber und das in ungeheurer Menge vorgefundene herrenlose Land wurde Eigentum des Königs [3]). Was dieser nicht als Krongut unmittelbar in Besitz nahm, wurde, soweit es nicht wüst liegen blieb, von dem Könige auf zwiefache Weise verliehen. Die Gemeinden (Nachbarn) erhielten ihre Fluren zu gesamter Hand gegen die Entrichtung von Medem, Weidegeldern und Dehem und unter strenger Aufrechterhaltung des Obereigentums des Königs, der ihnen ihr Recht, soweit sie es nicht durch strafbare Handlungen verwirkt hatten, zwar nicht entziehen, wohl aber durch Zulassung neuer Ansiedler beliebig schmälern konnte; weil der einzelne Bauer kein Sonderrecht hatte, unterlag im Falle seines unbeerbten Todes der Hof nicht dem fiskalischen Erbrecht, sondern er ward kraft des Rechts der gesamten Hand von der Gemeinde eingezogen. Dagegen verlieh der König seinen Grossen zu Sonderrecht (Herrenrecht, Salrecht). Dass auch für diese das königliche Grundeigentum den Ausgangspunkt abgegeben hat, wird von der Wissenschaft im allgemeinen zugegeben [4]), ein lebhafter Streit besteht aber bekanntlich darüber, ob durch die königliche Verleihung volles Eigen-

---

[1]) So bestand es auch später im nordfranzösischen Recht, wo das Sprichwort „Nulle terre sans seigneur" zur Anwendung kam (vgl. Laferrière, Hist. du droit français IV, 418 f. Warnkönig, Franz. Staats- u. Rechtsgeschichte I S. 202. II S. 345 f. Laveleye - Bücher, Das Ureigentum S. 266), und wurde durch Wilhelm den Eroberer siegreich auf England übertragen (vgl. Gneist, Das englische Verwaltungsrecht I, 1867, S. 111 ff.). Ueber das Bodenregal der nordischen Rechte vgl. Maurer, Einleitung S. 123. Dem Königsrecht muss in der Zeit des Freistaats ein Volksrecht vorangegangen sein. Man darf annehmen, dass bei den Chatten alles Land als Volksland gegolten hatte. Vgl. Maurer, a. a. O. 97. — [2]) Vgl. Roth, Beneficialwesen S. 67 ff. Maurer, Einleitung S. 98. Waitz, Verfassungsgeschichte II², 55, 223 f., 566 ff. und die dort angeführte Litteratur. — [3]) Vgl. oben S. 64. — [4]) Vgl. Roth, Beneficialwesen 75. Du Cange (Henschel), Gloss. VI, 550.

tum oder nur ein abgeleitetes Recht begründet wurde. Ohne einen unmittelbaren Zusammenhang zwischen den karolingischen Benefizien und den merovingischen Krongutsverleihungen anzuerkennen, müssen wir doch Waitz gegen Roth zugeben, dass auch die letzteren nur ein abgeleitetes Recht übertrugen und wie die Verleihungen zu Nachbarrecht das königliche Obereigentum unberührt liessen[1]). Dies zeigt sich schon in der Form der Verleihung, die, was neuerdings von Sohm treffend nachgewiesen ist, wie bei der Investitur zu Lehn- oder Leiherecht regelmässig ohne den bei Eigentumsübertragungen üblichen feierlichen Verzicht (exfestucatio, Auflassung), durch einfaches praeceptum regis vollzogen wurde[2]), also in derselben Form, die wir für das privilegium migrandi kennen gelernt haben. Weil die von dem Könige verliehenen Salgüter nicht Eigentum des Empfängers wurden, unterlagen sie nicht der freien Vererbung wie das bewegliche Vermögen; anfangs giengen sie nur auf die männlichen Descendenten über und auch später, nach Erweiterung des Successionsrechts, vererbten sie sich nur im Mannsstamme und kehrten, wenn dieser ausgestorben war, in die Hand des Königs zurück[3]). In Fällen der Felonie, auch wenn sie nicht so geartet waren, um eine allgemeine Vermögenseinziehung zu begründen, sehen wir den König doch häufig zur Einziehung des von der Krone Verliehenen schreiten[4]). Im Thronfalle wie im Mannsfalle hielt man die Verleihungen der ausdrücklichen Bestätigung bedürftig[5]). Endlich galt es als ausgemacht, dass auch Veräusserungen solcher Güter durch die Hand des Königs gehen oder doch vor ihm vollzogen werden mussten[6]). Wenn Sohm

---

[1]) Vgl. zuletzt Waitz, Verfassungsgeschichte II[2], 246 ff. — [2]) Vgl. Sohm, Zur Geschichte der Auflassung (i. d. Festgabe der rechts- u. staatswissensch. Fakultät zu Strassburg für Thöl, Strassburg 1879) S. 114 f. 116 Anm. 50. Derselbe, Fränk. Recht u. röm. Recht 52. — [3]) Siehe oben S. 54. Waitz, a. a. O. 246. — [4]) Vgl. Waitz, a. a. O. 247. — [5]) Vgl. ebd. 246. 248. — [6]) Vgl. ebd. 248. In der oben (S. 62 f.) besprochenen Urkunde von 889 handelte es sich um die Austauschung des Bifangs in der Trostadter Mark gegen fuldaische Besitzungen. Der Abt verlangte Auflassung vor dem Könige. Dieselbe wurde dann in der Weise vollzogen, dass Meginfried auf Anweisung des Königs, „ut ipsa concambiatio ... firmior esset", das Gut an den Grafen Gebehart übertrug, der es dann weiter an Fulda auflicss. Ganz

die Entstehung der gerichtlichen Auflassung auf die grundherrlichen Verhältnisse zurückführt [1]), so liegt hier, glaube ich, ein zweites, nicht minder wichtiges Moment vor. Auch die grundherrlichen Rechte sind nur durch Uebertragung entstanden, sie wurzeln in dem Obereigentum des Königs an den Gemeindefluren. So erscheint das fränkische Bodenregal als der Rechtsboden, auf dem sich die gerichtliche Auflassung entwickelt hat. Dasselbe dürfen wir von der Entstehung des Jagd- und des Bergregals behaupten. Nicht bloss auf den eigentlichen Krongütern und in herrenlosen, also königlichen Ländereien hatte der König das Recht, den Forst- oder Wildbann zu verkündigen; dies Recht stand ihm unbeschränkt, auch auf Privatbesitzungen und Gemeindefluren zu; und wie er sich zu seinem eigenen Vorteil derartige Eingriffe in den Privatbesitz erlauben durfte, so war er auch befugt, seinen Grossen den Wildbann auf ihren eigenen Besitzungen und denen anderer zu verleihen [2]). Wenn dabei seit Otto II. in der Regel die Zustimmung der Interessenten eingeholt wurde, so beruhte dies bereits auf einer Abschwächung des Regals [3]), ganz wie seit Friedrich II. nach § 3 des Statutum

---

allgemein verordnete König Ludwig das Kind i. J. 900 (Dronke, Cod. dipl. Fuld. Nr. 647): Non decet inter familiares sive externos, cum propriarum vel ecclesiarum commutationem facere voluerint rerum, ut vicissim soli sine testificatione et auctoritate maiorum tradendo alterutrum committant. Unde precipimus et regia nostra auctoritate decernimus, ut omnes tradiciones seu commutationes sub presentibus idoneis testibus fiant et quelibet persona, sive tradens seu accipiens, sibi legitimam faciat confirmationem regiamque perducat ad noticiam, ne ea, quae utrimque tradita fuerint, irrita fiant, sed in posterum firma stabilitate permaneant. — [1]) Sohm, Fränkisches Recht und römisches Recht S. 48 ff. — [2]) Vgl. Waitz, Verfassungsgeschichte IV, 111. VIII, 258 ff. Otto I. verleiht 944 an Utrecht den Wildbann „in pago Thriente," „ut in eodem pago et universis finibus eius adusque adiacentes ceteras regiones prefate Traiectensis ecclesie ius servetur forestense, utpote nobis in nostris" (Stumpf, Acta imp. adh. inedita Nr. 208); ähnlich Konrad II. i. J. 1025 an Verden den Wildbann im Gau Sturmi (ebd. Nr. 38). Charakteristisch ist Ottos I. Verleihung an Fulda i. J. 951: „forestam quae ad villam Achizwila pertinet, in qua prius erat communis omnium civium venatio, nullus venandum audeat ingredi, nisi licentia eiusdem abbatis" (Dronke, Cod. dipl. Fuld. Nr. 688). — [3]) Vgl. Waitz, a. a. O. VIII, 260. Urkunde Ottos III. von 988 für Worms (Wirtemb. Urk.-B. I, 228 Nr. 195) und von 996 für Mainz (Guden, Cod.

in favorem principum von 1231/32 das Strassenregal nur noch „ex transeuntium voluntate" ausgeübt werden sollte. Es ist überhaupt verkehrt, wenn man für das zehnte oder elfte Jahrhundert noch eine Zunahme der königlichen Gewalt gegenüber der Zeit der Karolinger und der ersten Merovinger glaubt annehmen zu sollen; die Krone war nicht mehr in der Lage, sich neue Rechte anzumassen[1]), sie durfte zufrieden sein, wenn es gelang, den von den Vorfahren überlieferten Besitzstand festzuhalten oder äusserstenfalls zu revindicieren, was ohnmächtigen Herschern abhanden gekommen war. Nur von diesem Standpunkte aus lässt sich auch die Entstehung des Berg- und Salzregals richtig beurteilen. Die ersten nachweisbaren Spuren desselben treten zwar erst im neunten und zehnten Jahrhundert hervor, aus der früheren Zeit fehlen sie aber offenbar nur, weil der Bergbau eben damals nur noch eine untergeordnete Bedeutung hatte. Berg- und Salzregal waren einfache Konsequenzen des Bodenregals, gleich dem Jagdregal seit ältester Zeit in dem fränkischen Rechte begründet und aus diesem in das Reichsrecht übergegangen[2]).

Wir dürfen, glaube ich, noch weiter gehen. Zwar ist noch in der fränkischen Zeit teils unter dem Einflusse des römischen Rechts, teils durch die Erweiterung des Erbrechts und die Zulassung von Veräusserungen, bei den Herrengütern in der Karolingerzeit wohl noch ausserdem durch den Gegensatz zu den Benefizien, die Idee des Privateigentums zum Durchbruch gekommen und von dem Obereigentum des Königs sind nur eine Reihe von Konsequenzen, deren Grundlage man nicht mehr verstand, als niedere Regalien stehen geblieben, aber nach zwei Richtungen hin hat sich das fränkische Bodenregal noch bis tief in das Mittelalter behauptet: gegenüber den Ministerialen und dem Reichskirchengute. Die Ministerialen galten, wie v. Zallinger neuerdings nachgewiesen hat, durchweg

---

dipl. Mog. I, 14 Nr. 9), Heinrichs II. von 1012 für Fulda (Dronke, Cod. dipl. Fuld. Nr. 731) und von 1018 für Metz (Stumpf, Acta imperii Nr. 267), Konrads II. von 1027 für Würzburg (Wirtemb. Urk.-B. I, 259 Nr. 219). — [1]) So mit Unrecht in Bezug auf das Jagdregal in Frankreich (droit de garenne) Warnkönig, Franz. Staats- u. Rechtsgeschichte II, 424. — [2]) Vgl. die wertvolle Schrift von A. Arndt, Zur Geschichte und Theorie des Bergregals und der Bergbaufreiheit (Halle 1879), besonders S. 56 ff. 171 ff. 209 ff. 213 ff.

als Eigentum des Reiches, und dies war nicht bloss bei den Reichsdienstmannen und den kirchlichen Ministerialen, sondern auch bei denen der weltlichen Fürsten der Fall, sie und ihre Besitzungen gehörten dem Reiche und waren ihrem Dienstherrn nur als Reichslehn geliehen[1]). Das war der letzte Rest von dem Eigentume des Königs an den Salgütern. Auf demselben Wege erklärt sich die eigentümliche Lage der Kirchengüter. Es unterliegt keinem Zweifel, dass die juristische Persönlichkeit der kirchlichen Institute anerkannt wurde[2]), ebenso fest aber steht es, dass dieselben unfähig waren, Grundeigentum zu erwerben[3]). Das war indessen nichts besonderes, das fränkische Recht kannte überhaupt nur éinen Grundeigentümer, alle übrigen besassen nur ein von diesem unmittelbar oder mittelbar abgeleitetes Recht. Mit der Ausbildung des privaten Grundeigentums folgten die auf solchem errichteten Kirchen der allgemeinen Entwickelung, sie erschienen jetzt als Eigentum des Grundherrn, auf dessen Besitztum sie standen[4]). Dagegen blieben die auf Reichsboden stehenden Kirchen nach wie vor Eigentum des Reiches, und hier behielt das Bodenregal sogar die Kraft, auch alle von Privaten herrührenden Nachstiftungen zu ergreifen[5]).

[1]) Vgl. v. Zallinger, Ministeriales und Milites S. 57 ff. — [2]) Vgl. E. Löning, Geschichte des deutsch. Kirchenrechts I, 632 ff. Gierke, Genossenschaftsrecht II, 526 ff. Dass übrigens, was Löning bestreitet, wirklich die Heiligen selbst als Rechtssubjekt angesehen wurden, geht sehr anschaulich aus einem naiven, wohl dem dreizehnten Jahrhundert angehörigen Zusatze zu der Vita s. Gertrudis (Mabillon, Acta Sanctorum II, 474 Anm.) hervor. Es heisst da von einem vornehmen Brabanter: „Nivellam petiit sanctissimaeque Gertrudi quidquid habebat in praediis cum cespite et ramo cultelloque cum manubrio albo tradidit ac filiam omni hereditatis iure privavit, in eadem vero traditione res stupenda contigit. nam nutu summi Dei scrinium, in quo sancta virgo iacebat, sese aperuit corpusque examine manum porrexit cunctisque cernentibus ramum cum cespite et cultello de manu viri intra scrinium recepit." — [3]) Vgl. Ficker, Ueber das Eigentum des Reichs am Reichskirchengute (Sitzungsberichte der Wiener Akademie der Wissenschaften, phil.-hist. Klasse, LXXII S. 55 ff. 381 ff.) S. 77. — [4]) Vgl. Löning, a. a. O. 638 ff. Ficker, a. a. O. 64—76. — [5]) Das hat für die Zeit vom neunten Jahrhundert an in unwiderleglicher Weise Ficker in dem oben angeführten Aufsatze dargethan. Der Rückschluss auf die ältere Zeit ergibt sich von selbst. Vgl. auch Waitz, Verfassungsgeschichte II², 252. 630 f. IV, 130 ff. VII, 189 ff.

# Rechtsgeschichtliche Werke
aus dem
## Verlage von Hermann Böhlau in Weimar.

**Bruns, K. G.,** *Kleinere Schriften.* 2 Bände.    ca. 18 Mk.
    Unter der Presse.

**Die Blume von Magdeburg.** Herausgegeben von *Hugo Böhlau.* 1868. 3 Mk.

**Ehrenberg, V.,** *Commendation und Huldigung nach fränkischem Recht.* 1877.    3 Mk.

**Franklin, O.,** *Das Reichshofgericht im Mittelalter.* Geschichte — Verfassung — Verfahren. 2 Bände. 1867 u. 1869.    13 Mk.

**Haiser, K.,** *Zur Genealogie der Schwabenspiegelhandschriften.* 2 Bände 1876 u. 1877.    12 Mk.

**Heusler, A.,** *Der Ursprung der deutschen Stadtverfassung.* 1872. 4 Mk.

**Heusler, A.,** *Die Gewere.* 1872.    9 Mk.

**Kries, Aug. von,** *Der Beweis im Strafprocess des Mittelalters.* 1878. 5 Mk.

**Luschin von Ebengreuth, A.,** *Geschichte des ältern Gerichtswesens in Oesterreich ob und unter der Enns.* 1879.    7 Mk.

**Roth, P.,** *Feudalität und Unterthanverband.* 1863.    6 Mk.

**Sohm, R.,** *Der Process der Lex Salica.* 1867.    3 Mk. 60 Pf.

**Sohm, R.,** *Die altdeutsche Reichs- und Gerichtsverfassung.* I. Band: Fränkische Reichs- und Gerichtsverfassung. 1871.    9 Mk.

**Sohm, R.,** *Fränkisches Recht und römisches Recht.* Prolegomena zur deutschen Rechtsgeschichte. 1880.    2 Mk.

**Zeitschrift für Rechtsgeschichte.** Herausgegeben von **Bruns, von Roth** und **Böhlau.** Band 1—13. 1862—1878.    122 Mk. 10 Pf.
    Um die Anschaffung dieser Serie zu erleichtern, wird dieselbe bis auf Weiteres zu 102 Mk. abgegeben.

**Namen- und Sach-Register zu der Zeitschrift für Rechtsgeschichte** Bd. 1—13. 1880.    1 Mk. 20 Pf.

**Zeitschrift der Savigny-Stiftung für Rechtsgeschichte.** Herausgegeben von **G. Bruns, P. von Roth, H. Böhlau, A. Pernice.** Erster Band. (XIV. Band der Zeitschrift für Rechtsgeschichte.) 1880.    11 Mk. 40 Pf.

**Dieselbe.** Herausgegeben von **P. von Roth, E. I. Bekker, H. Böhlau, A. Pernice.** Zweiter Band. 1881.    12 Mk.

Die seit dem Jahre 1862 in dreizehn Bänden in der unterzeichneten Verlagshandlung erschienene **Zeitschrift für Rechtsgeschichte** wird seit dem Jahre 1880 in neuer Folge unter dem Titel:

## Zeitschrift der Savigny-Stiftung für Rechtsgeschichte

fortgesetzt. Sie erscheint in zwei je für sich käuflichen Abtheilungen, einer romanistischen und einer germanistischen.

Wenn eine besondere Abtheilung nicht ausdrücklich bezeichnet wird, nimmt die Verlagshandlung an, dass die Bestellung auf die Gesammt-Zeitschrift sich bezieht.

Die Verlagshandlung zahlt ein Autorhonorar von Zwanzig Mark für den Bogen — vorläufig für drei Bände.

Zusendungen für die romanistische Abtheilung werden zu Händen des Herrn Professor D. Pernice in Halle a. d. Saale, alle übrigen Zusendungen, wie bisher, zu Händen des Herrn Professor D. Böhlau in Rostock erbeten.

Bis jetzt erschienen 2 Bände.

Bestellungen nehmen alle Buchhandlungen entgegen.

Weimar, im September 1881.

Hermann Böhlau.